かわいい犬の手編み服

HANDMADE KNIT
FOR YOUR DEAR DOG

はじめに

寒い季節、ワンコに暖かい服は必需品です。

市販品もありますが、愛情を込めて編んだセーターは特別。

うちのコにぴったりのサイズで、似合うデザインが選べます。

小さなコから大きなコまで着てもらえるよう、

ウエアは、ＳＳからＬＬまで５サイズで作れます。

基本の編み方は写真でくわしく解説しているので、

編み物に慣れない人もチャレンジできます。

着心地と動きやすさを一番に考えたので、

一日中着ていても、わきのしたや、えりぐりがすれずに安心、

着せたり脱がせたりもしやすく、どのコにも似合うデザインです。

外はもちろん、部屋着にもおすすめ。

おしゃれ着用洗剤で手洗いすれば、何シーズンも着られます。

お散歩に行くと、おしゃれね、あったかそうね、

と褒められるのも、うれしいこと。ぜひ編んでみてください。

ミカ＊ユカ

目次

- **A** 基本のボーダープルオーバー ……04
- **B** モヘアのパールつきワンピース ……06
- **C** フードつきコート ……08
- **D** アラン模様のプルオーバー ……10
- **E** カウチン風編み込みプルオーバー ……12
- **F** ケーブル模様のプルオーバー ……14
- **G** 星条旗柄ジャケット ……16
- **H** パステルカラーの
  ボーダープルオーバー＆
  おそろいスヌード ……18
- **I** ハロウィン＆クリスマスワンピース ……20
- **J** メリヤス刺しゅうプルオーバー ……22
- **K** てんとう虫とみつばちのワンピース ……24
- **L** ポケットつきレタードプルオーバー ……26
- **M** トラッドスタイルのケープ ……28
- **N** 透かし模様のラメワンピース ……29
- **O** フェアアイル柄のプルオーバー＆
  おそろいハンドウォーマー ……30
- **P** フルーツ帽子 ……32
- **Q** 虹色マフラー ……33
- **R** 変身パーティ帽子 ……34
- **S** とんがり帽子 ……35

  A 基本のボーダーを編んでみましょう ……36
  簡単サイズ調整例 ……42
  ワンコモデル一覧 ……43
  テクニックガイド棒針＆かぎ針 ……89

MODEL / SS~LL
HOW TO MAKE / p.36

基本のボーダープルオーバー
犬種とサイズ

この本では、SSからLLまで5種類のサイズのニットを掲載しています。大まかな犬種の分類と目安となる**A**のニットのサイズを紹介していますので、ワンコのサイズを測り、下記と比べてみてください。
ニットは伸縮性があるので、ぴったりのものがなくても大丈夫。
2つのサイズの間くらいなら、大きめのサイズがおすすめです。

SS 超小型犬

チワワ、ティーカップ・プードル、
ヨークシャー・テリア、マルチーズなど
首回り28cm / 胴回り35cm / 着丈20cm

S 小型犬Ⓐ

チワワ、トイ・プードル、
ポメラニアン、パピヨンなど
首回り33cm / 胴回り40cm / 着丈26cm

M 小型犬Ⓑ

トイ・プードル、ミニチュア・シュナウザー、
パグ、ミニチュア・ダックスフンドなど
首回り37cm / 胴回り51cm / 着丈33cm

サイズの測り方

ワンコのサイズを測りましょう。必要なのは、首回り、胴回り、着丈の3カ所です。水平に立った状態で測ります。

L 中型犬

柴犬、ビーグル、ダルメシアン、
スコティッシュ・テリア、コーギーなど
首回り47㎝ / 胴回り67㎝ / 着丈41㎝

LL 大型犬

ゴールデン・レトリーバー、
ラブラドール・レトリーバーなど
首回り56㎝ / 胴回り80㎝ / 着丈49㎝

B

MODEL ／S／SS
HOW TO MAKE ／p.44

モヘアのパールつきワンピース

フリルスカートとバルーンそでがロマンチックな、
女の子向けのかわいらしいワンピースです。
軽くて着心地のよいふんわりモヘアで透かし模様を編み、
上品なパールをあしらいました。

もこもこ ふわふわ

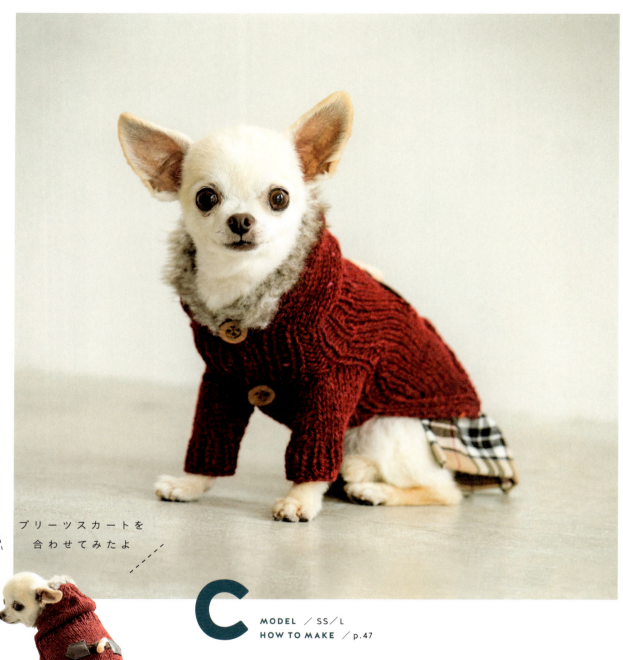

プリーツスカートを
合わせてみたよ

C

MODEL ／ SS／L
HOW TO MAKE ／ p.47

フードつきコート

寒い日のお出かけにぴったりのコートは、フードとトッグルボタンをつけた本格派。
ツイードヤーンなら、シンプルな編み地でも趣のあるニットに仕上がります。
赤はかわいらしく、紺はかっこよく着こなして。

おさんぽ
まだかなぁ

MODEL / L / S
HOW TO MAKE / p.82

アラン模様のプルオーバー

伝統的な手法で編んだ、手編みの魅力が詰まったアラン模様のニット。
糸の太さを変えることで、簡単に違うサイズが編めます。
どんなワンコにも似合う生成りは特におすすめ。

HEY!

E

MODEL ／M／LL
HOW TO MAKE ／p.50

カウチン風編み込みプルオーバー

ネイティブアメリカン風の柄とカラーを楽しむニット。
背中のモチーフは、大型犬には大きく、小型犬には小さく編むのがポイントです。
そでぐりは短いゴム編みだけなので動きやすく、
ワンピースなどに重ね着させても使いやすいでしょう。

ワンピースとの
重ね着がお気に入り

F

MODEL / M / L
HOW TO MAKE / p.54

ケーブル模様の
プルオーバー

背中に入れたケーブル模様で、すっきり立体感のある編み地に。
すそとえりに入っているラインがアクセントになっています。
ボトムとのコーディネートにも好相性です。

短めのそでなら
ぼくにもぴったり

G 星条旗柄ジャケット

MODEL ／M／L
HOW TO MAKE ／p.56

背側全体で大胆に星条旗をあらわしたジャケット。
そで口やえりのリブとラインで、スタジャンテイストに仕上げました。
サイズ違いで、紺と赤を反転させたバリエーションも提案。

H

MODEL ／SS／S
HOW TO MAKE ／p.59、p.61

パステルカラーの
ボーダープルオーバー&
おそろいスヌード

柔らかく、ほどよく伸縮するかのこ編みで、着心地楽ちんのニット。
空気を含み保温性の高いモヘアヤーンで編めば、最高のあったかアイテムに。
自分用スヌードを編んでワンコとおそろいもgood！

こっち
こっち

みて
みて！

Trick or treat

MODEL ／M／M
HOW TO MAKE ／p.62

ハロウィン＆クリスマスワンピース

楽しいイベントは、遊び心いっぱいのニットでワンコを主役に！
赤×白の王道サンタの衣装と、ハロウィン用変身ワンピース。
なりきりワンコと一緒ならどちらも盛り上がりますね。

J

MODEL /S/LL
HOW TO MAKE /p.85

メリヤス刺しゅうプルオーバー

編み込み柄のように見えて、実はプレーンなニットを編み、
足跡やボーンのモチーフをあとから刺しゅうしただけ。
簡単なのでワンポイント柄でも、にぎやかな総柄でも、好みの位置に好きなだけ刺しましょう。

着ごこち最高

さあ公園に
行きますよ〜

K

MODEL ／SS／SS
HOW TO MAKE ／p.65

てんとう虫とみつばちのワンピース

ワンコがてんとう虫やみつばちに大変身！
公園のおさんぽで花と一緒に写真を撮ると「映え」るユニークなデザイン。
インパクト大のアイテムですが、肌ざわりがよく、動きやすいのでお気に入りの一枚になるでしょう。

I'm a
Honey bee

(25)

MODEL／LL／S
HOW TO MAKE／p.68

ポケットつきレタードプルオーバー

カレッジパーカ風のカラフルでポップなデザインのニットは、
イニシャルのワッペンで、うちのコオンリーアイテムにしましょう。
オリジナルデザインのアップリケは、ほかのニットにもつけられます。

ひとやすみ、
ひとやすみ

MODEL /M/SS
HOW TO MAKE /p.87

トラッドスタイルのケープ

あっという間に編めちゃう、ショート丈のケープ。
小さいけれど首元を寒さから守る実用アイテムです。
重ね着にも使いやすいので、首回りに
プラスすれば、おしゃれ感もぐんとアップ。

N

MODEL / SS / M
HOW TO MAKE / p.71

透かし模様の
ラメワンピース

スカートのスカラップと
透かし編みがラブリーなワンピースは、
ラメ入りのリッチな糸を使い、
首元にはリボンをプラスした、パーティ仕様。
一緒にお出かけしたら
ワンコの気分も上がること間違いなし！

リボンが
ステキでしょ

MODEL / LL / L / S
HOW TO MAKE / p.74、p.76

フェアアイル柄の
プルオーバー＆
おそろいハンドウォーマー

トラディショナルなフェアアイル柄がワンランク上のニット。
ワンコに着せる編み込み模様は、
思い切ってカラフルにするのがおすすめ。
おそろいのハンドウォーマーで飼い主もリンクコーデすれば、
おさんぽがさらに楽しくなります。

あったかい♡

pineapple

P MODEL ／M／SS
HOW TO MAKE ／p.77

フルーツ帽子

ワンコがおいしいフルーツになっちゃった!?
パイナップルといちごのフード形帽子は、
かぶり口からひょっこり
顔を出す様子がとってもかわいい!
おさんぽで注目の的になり、SNS映えも抜群です。

strawberry

Q 虹色マフラー

MODEL / LL / S
HOW TO MAKE / p.78

カラフルなストライプ柄のマフラー。
ワンコ用はループに通して着ける短いタイプ、
飼い主用は長さのあるストレートタイプです。

超ミニサイズ
似合うでしょ

R

MODEL /M/S/M
HOW TO MAKE /p.79

変身パーティ帽子

これも変身帽子。人気のパンダ、キリンに、絶対笑える三つ編みガール！の３種類。
なりきったワンコの様子が面白かわいくてたまりません。
記念撮影用のパーティ帽子ですが、防寒用としても優秀です。

三つ編み

パンダ

キリン

S

SMODEL ／M／M
HOW TO MAKE ／p.81

とんがり帽子

かぶせてパシャッと写真を楽しめる
ドローコード付きのとんがり帽子。
お気に入りのウエアに合わせると
パッとパーティシーンにチェンジ。
不思議といろんなワンコに似合います。

HOW TO KNIT
BASIC TECHNIQUE

A 基本のボーダーを編んでみましょう

※編み図、符号図はMサイズで解説しています。

» 4 & 5 ページ

すべての作品の基本となる編み方です。増減目の方法やとじ方などは共通なので、必ず目を通しておきましょう。

糸
とじ針
段目リング
針

準備

糸… ハマナカアメリー ◀······ 使用糸名
　ブルー（47）SS、S 25g / M、L 45g / LL 70g
　白（20）SS、S 15g / M、L 30g / LL 45g
　赤（6）SS、S、M 10g / L、LL 20g
針… 6号2本棒針、とじ針
その他… 段目リング

ゲージ ◀······ 必ず測って合わせましょう
メリヤス編み19.5目、28段＝10cm

サイズ
作品サイズはp.4、5参照

各部の名称

胸側（表）
背側（裏）
わ
えりぐり
肩
そでぐり
背側（表）
すそ
わき

[編み方手順] 製図を見ながら、1〜3の順に編みます。

1 背側を編みます。

❶
作り目（p.89）をします。
（この本では針1本で作り目をしています。）

❷
すそから1目ゴム編みで編みます。

ボーダー柄
12段 ブルー
12段 白
12段 赤 } 48段1模様
12段 白
12段 ブルー
12段 白 ↑共通

■ ＝ブルー
□ ＝ボーダー柄

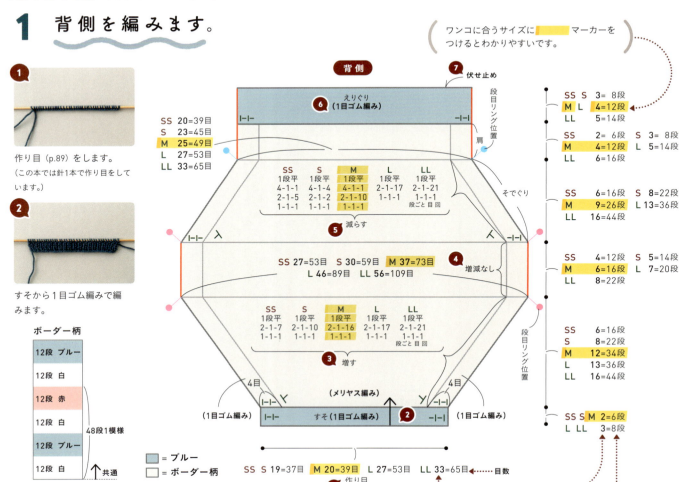

(36)

右増し目（p.92）　　わきを1目ゴム編みとメリヤス編みで増し目をしながら指定の段数編みます。　　左増し目（p.92）

両わきの増し方

(メリヤス編み)

段目リングをつける
反対側と同様に増す
□ = | = 表目(p.89)
― = 裏目(p.89)
すそ

2段ごと1目16回増す
1段ごと1目1回増す
(作り目)

M
1段平
2 - 1 - 16
1 - 1 - 1
段ごと 目 回
増す
(増し方を表した計算式)

そでぐりの減らし方

反対側と同様に減らす

増減なく、指定の段数編みます。
続けてそでぐりは減らし目をしながら指定の段数編みます。

右上2目一度（p.91）　　　左上2目一度（p.91）

肩
1段平
4段ごと1目1回減らす
2段ごと1目10回減らす
1段ごと1目1回減らす
そでぐりの手前で段目リングをつける

M
1段平
4 - 1 - 1
2 - 1 - 10
1 - 1 - 1
段ごと 目 回
減らす
(減らし方を表した計算式)

次ページに続く

1 えりぐりを編みます。
（p.37背側の続き）

えりぐりを1目ゴム編みで編みます。

伏せ止め（p.93）をします。

2 胸側を編みます。

そでぐりの上下に段目リングをつける

背側の❶～❼と同じ要領で編み図の通りに編みます。胸側は、増減がある場合減らし目の次に増し目を編みます。

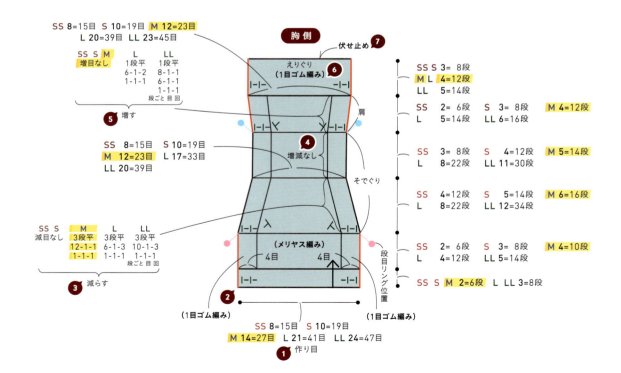

3 背側と胸側をとじ合わせます。

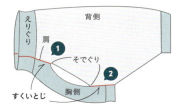

そでぐりを残して、えりぐりと肩、わきをそれぞれすくいとじでとじます。

1 えりぐりから肩を、すくいとじ（p.93）でとじます。

2 わきを、そでぐりの下端まで、すくいとじでとじます。

とじたところ。糸始末（p.92）をします。

Point Lesson 1　そでがある服の場合

そでがついているものは、上記の**3-1**をとじてから、そでぐりから目を拾い、そでを編みます。わきとそで下を一緒にすくいとじでとじます。

（例）**F** 短いそで
ケーブル模様のプルオーバー（p.54）

（例）**G** 長いそで
星条旗柄ジャケット（p.56）

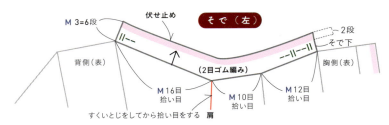

1 そでぐりの上（えりぐりと肩）をすくいとじでとじます。

2 そでぐりの「段」から目を拾います。

3 そでを指定の編み方で編みます。

4 伏せ止め（p.93）をします。この状態から「**A** 基本のボーダー」**3-2**と同様にわきとそで下を続けてすくいとじでとじます。

(39)

Point Lesson 2
えりやフードがある服の場合

「A基本のボーダー」の❶背側、❷胸側ともに❶〜❻まで編み❼で伏せ止めをせずに目を休ませておきます。輪針に目を移し、えりやフードを編んでから、えりぐりと肩をすくいとじします。

（例）ハロウィンワンピース（p.62）

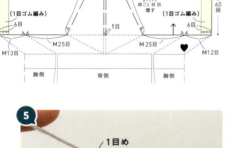

背側、胸側の休み目から目を移し、えりやフードを編みます。

1
胸側、背側をそれぞれ指定の編み方で編みます。背側、胸側で休めていた目を図の♥の位置から輪針に移します。

2
糸をつけ、えりやフードの1段めを編みます。

3
途中、胸側と背側の間で、それぞれ2目一度を編みます。

4
2目一度を2カ所編んだところ。反対側も同様に編みます。

5
1段編んだら、最初に拾った同じ目に矢印のように針を入れて1目編みます。

6
1目重ねて編んだところ（p.74の○は、2目重ねて編みます）。

7
輪針の左右を持ち替えて、内側を見ながら2段めを編みます。輪針を1段ごとに持ち替えて編み図の通りに往復編みをします。

Point Lesson 3
フードのはぎ合わせ方

フードは往復編みで編み、二つ折にして、最終段をはぎ合わせます。

（例）P
フルーツ帽子（p.77）

1
フードが上まで編めたところ、2本の棒針に目をわけて移します。

2
中表に二つ折りにして、端から引き抜きはぎ（p.93）ではぎ合わせます。

3
できたところ。最終段の目が奇数のときは、最後に3目を一度に引き抜きます。

Point Lesson 4

ワンピース（2重スカート）の場合

上下スカート2枚を編み、目を拾いながら背側の1段めを編みます。

上下スカートを編み、2枚一緒に目を拾って背側を編みます。

（例）**B** モヘアのパールつきワンピース（p.44）

（例）**N** 透かし模様のラメワンピース（p.71）

1
上下スカート2枚を指定の編み方で編みます。

2
2枚を長いほうを下にして重ねて持ちます。

3
糸をつけ、矢印のように針を入れます。

4
表目を編みます。

5
2目一緒に編んだところ。

6
次の目は、前後2枚に裏側から針を入れ、裏目を編みます。

7
裏目が編めたところ。

8
1目ゴム編みを4目編み、5目めは表目を編みます。

9
同じ目の上スカート側に針を入れて1目増します。反対側も同様に目を増します。

10
端まで編んだところ。これが背側の1段めになります。続けて背側を編み図の通りに編みます。

簡単サイズ調整例

ワンコのサイズを測り、胴回りや首回りだけが
標準サイズより大きいときは、その分目数は段数を足して編みます。
足す目や段の数はゲージを参考にしましょう。

ぽっちゃりめワンコ

ややぽっちゃりめのワンコには、背側、胸側ともに中央あたりの目数を増して編みます。

胸側　背側

背側

ほっそり首ワンコ

首が細くて長めのワンコには、少しえりを長くして編みます。首回りだけゆるい場合には、細いゴムを入れるとよいでしょう。

ゴム

胴長めワンコ

ダックスフントなどの胴が長めのワンコには背側のわきの部分を胴の長さに合わせて段数を足して編みます。

背側

胸側

» ワンコモデル一覧

すもも
首回り16cm／胴回り28cm／
着丈26cm

リン
首回り19cm／胴回り32cm／
着丈24cm

シフォン
首回り17cm／胴回り30cm／
着丈25cm

チェルシー＆キャンディ
左：首回り20cm／胴回り34cm／着丈32cm
右：首回り16cm／胴回り28cm／着丈27cm

ルイ
首回り25cm／胴回り39cm／
着丈26cm

結
首回り22cm／胴回り39cm／
着丈27cm

りんご
首回り27cm／胴回り44cm／
着丈30cm

Stier
首回り24cm／胴回り42cm／
着丈28cm

Giuseppe
首回り34cm／胴回り44cm／
着丈32cm

Ralph&Letizia
左：首回り31cm／胴回り50cm／着丈27cm
右：首回り35cm／胴回り51cm／着丈26cm

Tiffany
首回り35cm／胴回り49cm／
着丈35cm

Chloe&Chelsea
左：首回り28cm／胴回り42cm／着丈40cm
右：首回り23cm／胴回り43cm／着丈38cm

麦
首回り32cm／胴回り56cm／
着丈43cm

BOND
首回り40cm／胴回り58cm／
着丈50cm

Harry
首回り38cm／胴回り72cm／
着丈53cm

キャスバル
首回り30cm／胴回り65cm／
着丈41cm

アレックス
首回り51cm／胴回り78cm／
着丈50cm

LUFFEY
首回り48cm／胴回り75cm／
着丈56cm

すみれ
首回り47cm／胴回り76cm／
着丈55cm

ウォッカ
首回り46cm／胴回り78cm／
着丈54cm

B モヘアのパールつきワンピース ≫6&7ページ

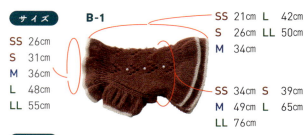

サイズ
B-1
- SS 26cm
- S 31cm
- M 36cm
- L 48cm
- LL 55cm

- SS 21cm / L 42cm
- S 26cm / LL 50cm
- M 34cm

- SS 34cm / S 39cm
- M 49cm / L 65cm
- LL 76cm

準備
糸… ハマナカアルパカモヘアフィーヌ
B-1…ローズピンク（12） SS 25g / S、M 50g / L 100g / LL 160g
白（1） SS、S 10g / M 15g / L、LL 20g
B-2…スカイブルー（8） SS 25g / S、M 50g / L 100g / LL 160g
黒（20） SS、S 10g / M 15g / L、LL 20g
針… 6号4本棒針、とじ針、縫い針
その他… 直径6mmのパールビーズ
（SS 9個 / S 12個 / M 18個 / L 27個 / LL 30個）（色は好みで）、縫い糸

ゲージ
メリヤス編み19目、26段=10cm

編み方
【スカート】上スカートと下スカートの2枚を指定の目数作り目をして編みます。最終段で目を減らし、休み目にします。【背側】上下スカートの休み目を一緒に拾い、編み始めます（p.41）。わきとそでぐりで目を増減しながら編みます。続けて、えりのフリルを編み、最後は伏せ止めをします。【胸側】指定の目数作り目をし、背側と同様に編みます。

【そで】えりから肩をすくいとじでとじます。そでぐりから拾い目して編み、最後は伏せ止めをします。
【仕上げ】わきとそで下を続けてすくいとじでとじます。糸始末をし、パールビーズを縫いつけます。

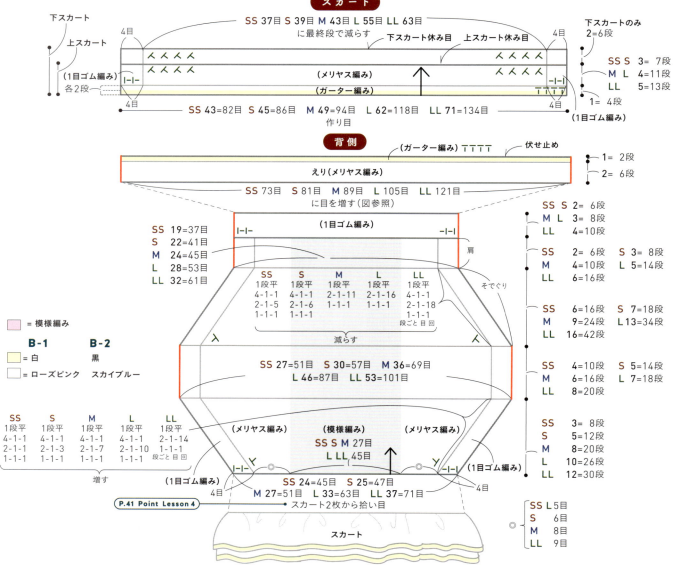

(44)

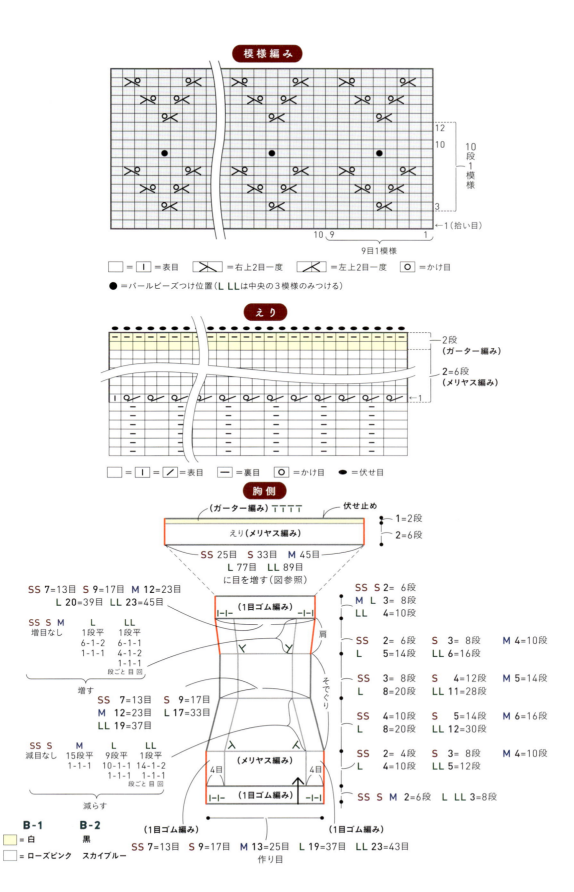

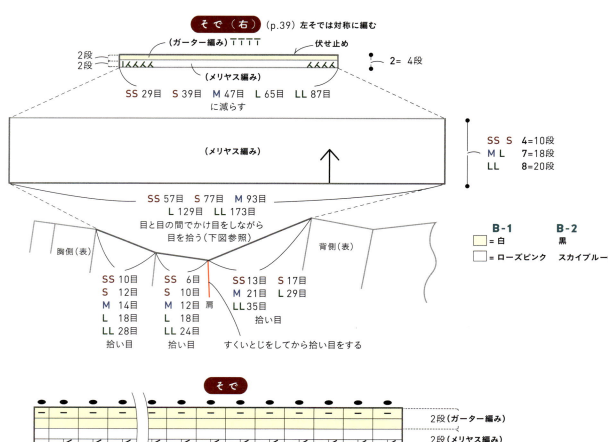

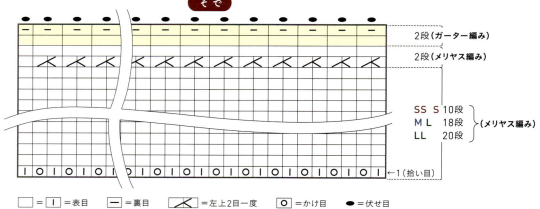

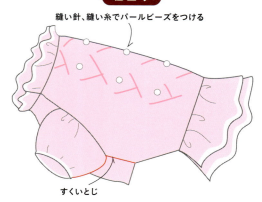

C フードつきコート »8&9ページ

サイズ
SS 20cm / S 27cm / M 33cm / L 42cm / LL 49cm

C-1
- SS 30cm
- S 34cm
- M 39cm
- L 49cm
- LL 58cm

- SS 36cm
- S 42cm
- M 50cm
- L 65cm
- LL 81cm

準備
糸…ハマナカアランツィード
C-1…濃赤（6）SS、S 70g / M 110g / L 170g / LL 240g
C-2…紺（11）SS、S 70g / M 110g / L 170g / LL 240g
ハマナカルーポ
（共通）グレージュ（2）SS、S、M 15g / L 20g / LL 40g
針…8号2本棒針、6/0号かぎ針、とじ針、縫い針
その他…長さ5cmのトッグルボタンセット SS、S 1組 / M、L、LL 2組
直径1.8cmのボタン SS、S、M 3個 / L、LL 4個、手縫い糸

ゲージ
メリヤス編み16目、22段=10cm

編み方
【背側】指定の目数作り目をして編み始めます。わきとそでぐりで目を増減しながら編みます。最後は休み目にします。【左胸側、右胸側】背側と同様に編みます。左胸側の指定の位置にはボタン穴をあけます。【フード】背側と胸側の休み目を、右胸側の端から続けて拾い目します。4カ所で目を減らしながら編みます。最後は目を2つに分けて、引き抜きはぎをします。【そで】えりぐりと肩をすくいとじでとじます。そでぐりから拾い目し、両わきと中央で目を増減しながら編み、伏せ止めをします。【ポケット】指定の目数作り目をして編み、最後は伏せ止めをします。指定の位置にかがります。【仕上げ】わきとそで下を続けてすくいとじでとじます。糸始末をし、ボタンとトッグルボタンをつけます。

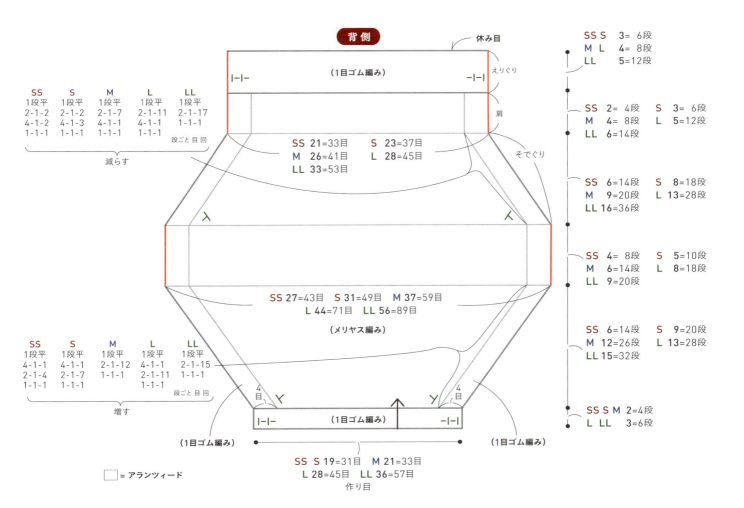

(47) 次ページに続く

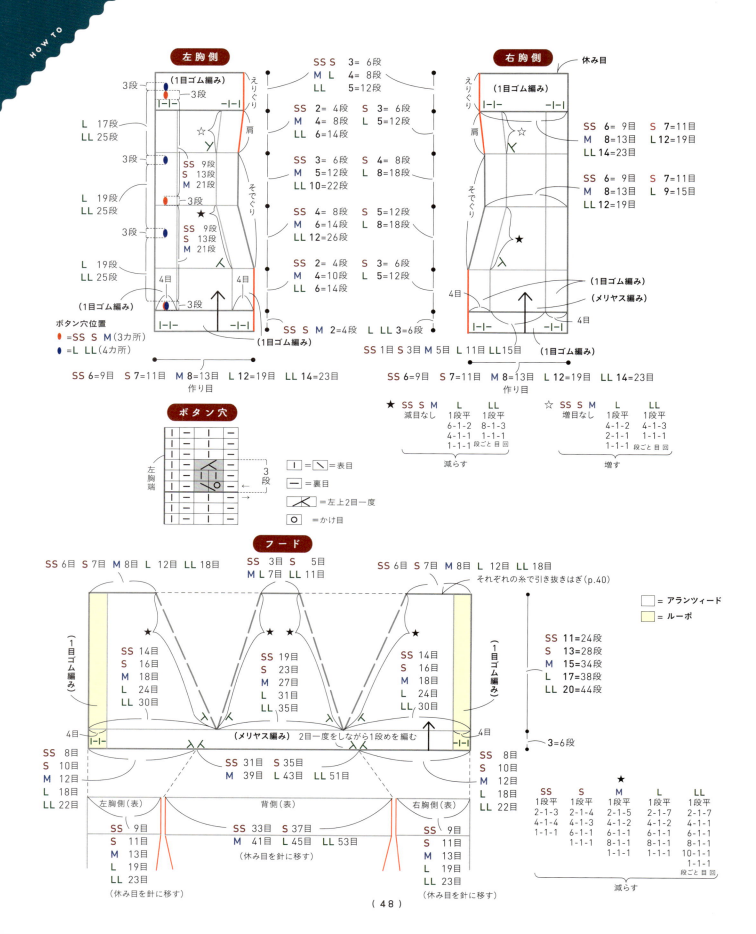

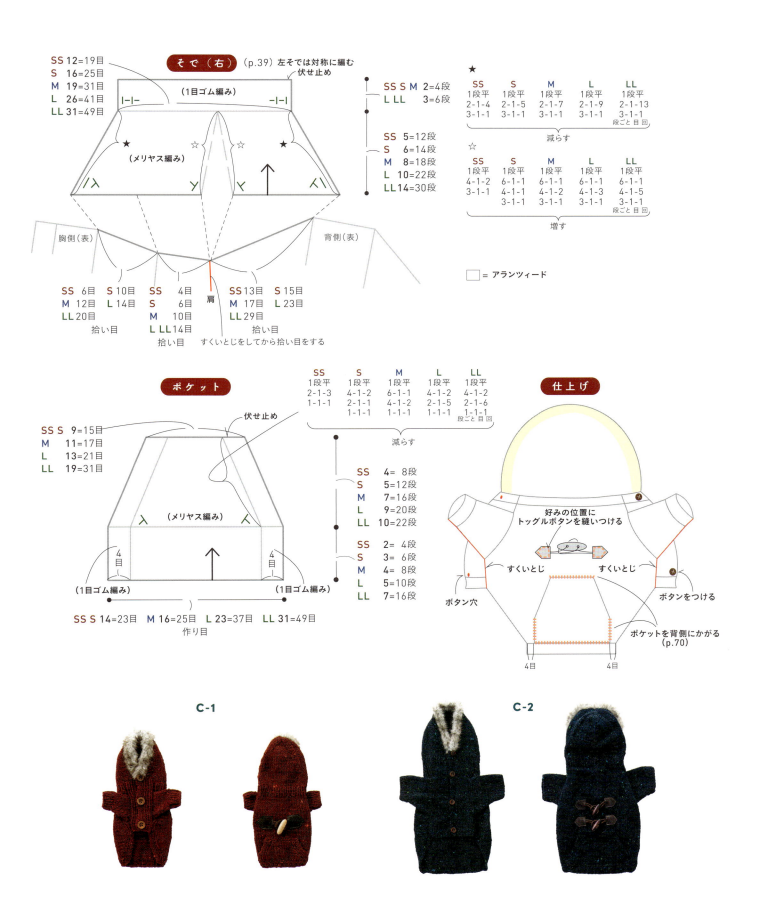

E カウチン風編み込みプルオーバー　»12 & 13 ページ

サイズ　SS 20cm / S 26cm / M 33cm / L 41cm / LL 49cm

E-1
SS 27cm
S 32cm
M 37cm
L 47cm
LL 56cm

SS 34cm　L 65cm
S 39cm　LL 78cm
M 50cm

準備
糸… オカダヤ メリノウールDK
E-1…紺（14）SS、S 35g / M 45g / L 75g / LL 90g
　　ターコイズ（11）SS、S 15g / M、L 30g / LL 40g
　　ねずみ（19）SS、S 15g / M、L 30g / LL 40g
　　白（1）SS、S 15g / M、L 20g / LL 25g
　　紅葉（25）SS、S 10g / M、L 20g / LL 25g
E-2…フューシャ（21）SS、S 35g / M 45g / L 75g / LL 90g
　　マスタード（5）SS、S 15g / M、L 30g / LL 40g
　　フレッシュピンク（2）SS、S 15g / M、L 30g / LL 40g
　　白（1）SS、S 15g / M、L 20g / LL 25g
　　紅葉（25）SS、S 10g / M、L 20g / LL 25g
針… 6号2本棒針、4/0号かぎ針、とじ針

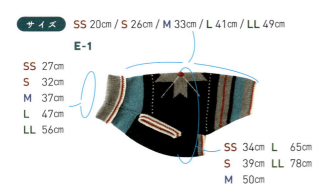

ゲージ　メリヤス編み21目、29段=10cm

編み方
【背側】指定の目数作り目をして編み始めます。わきとそでぐりで目を増減しながら編みます。最後は伏せ止めをします。【胸側】背側と同様に編みます。【メリヤス刺しゅう】指定の位置に刺します（p.51）。かぎ針で飾りを編んでかがります。
【そで】えりから肩をすくいとじでとじます。そでぐりから拾い目して編み、伏せ止めをします。
【仕上げ】わきとそで下を続けてすくいとじでとじ、糸始末をします。

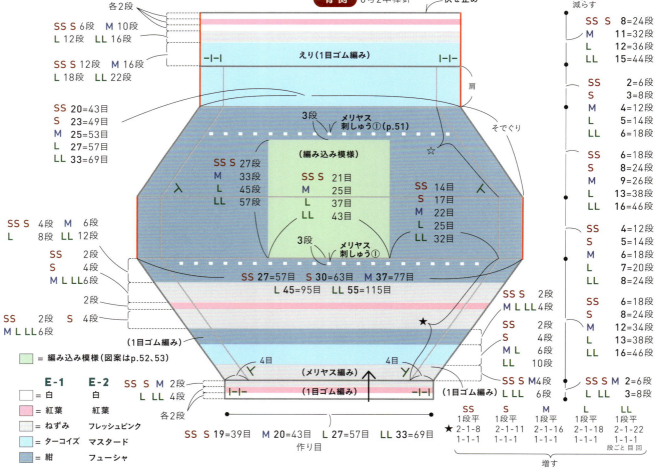

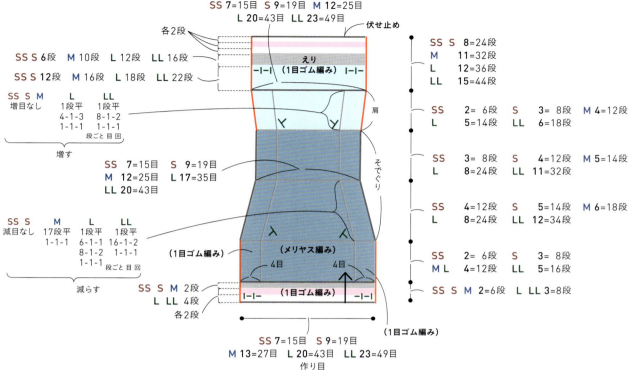

背側のメリヤス刺しゅう ①

メリヤス刺しゅう

編み地の上から、メリヤスの目をなぞるように刺す。

刺しゅうする糸を60cm程度に切り、とじ針に通す。刺したい目の下に裏から針を入れる。

1目上の段の目をすくうように針を入れる。

糸をゆっくり引く。

①で針を出したところに針を入れ、刺したい目の下に針を出す。

糸を引く。1目刺したところ。

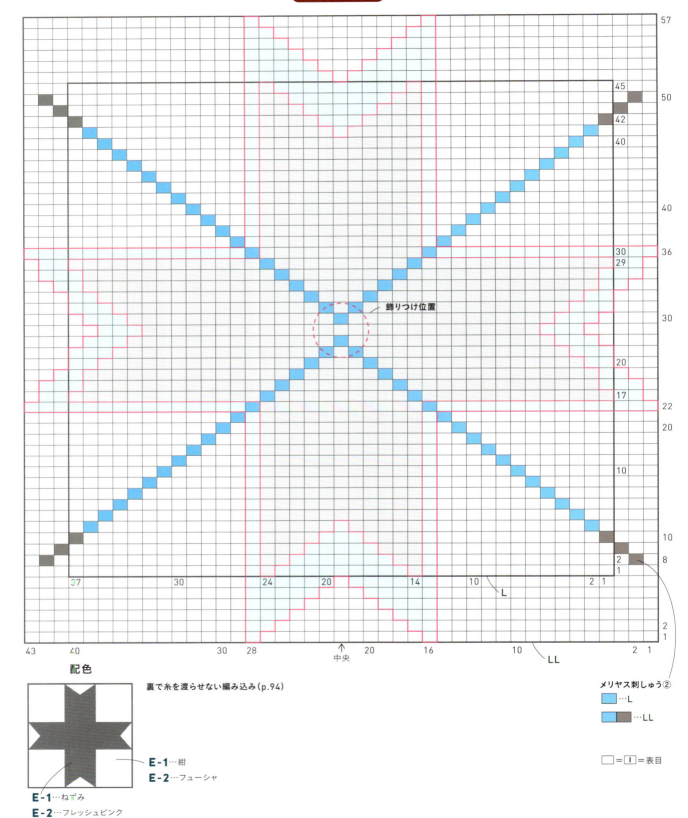

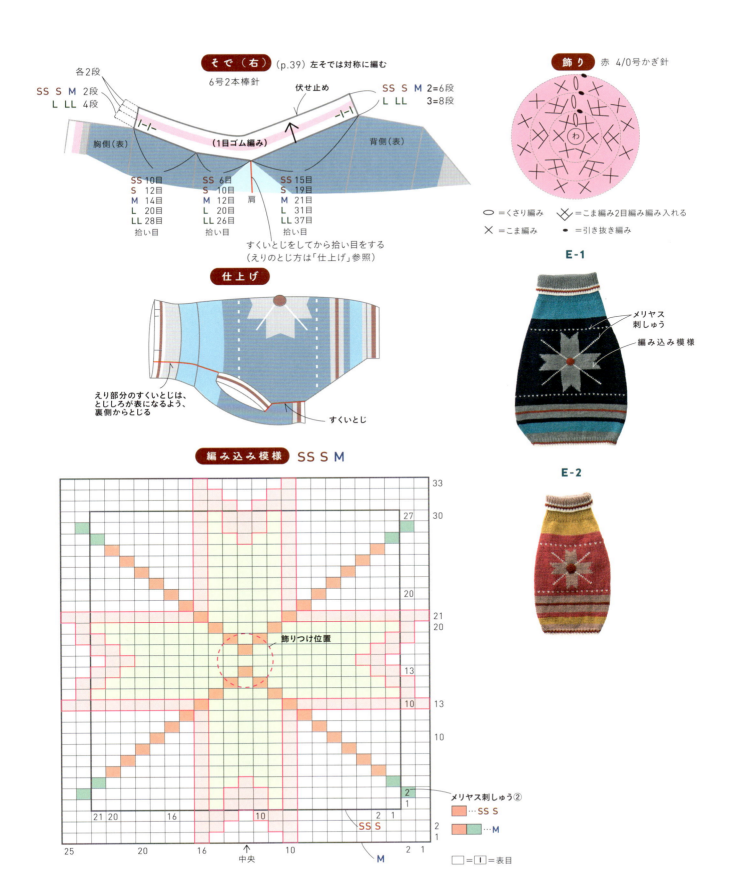

F ケーブル模様のプルオーバー　»14&15ページ

サイズ　SS 20cm / S 26cm / M 33cm / L 41cm / LL 49cm

F-2
SS 29cm
S 31cm
M 36cm
L 48cm
LL 56cm

SS 37cm　L 66cm
S 40cm　LL 79cm
M 54cm

ゲージ　メリヤス編み16目、22段=10cm

準備

糸… パピーブリティッシュエロイカ
F-1…赤（116）SS、S 70g / M 100g / L 150g / LL 190g
　　　杢（134）SS、S 5g / M、L 15g / LL 20g
F-2…杢（134）SS、S 70g / M 100g / L 150g / LL 190g
　　　ピンク（189）SS、S 5g / M、L 15g / LL 20g
針… 8号2本棒針、なわ編み針、とじ針

編み方

【背側】指定の目数作り目をして編み始めます。わきとそでぐりで目を増減しながら編みます。最後は伏せ止めをします。【胸側】背側と同様に編みます。

【そで】えりと肩をすくいとじでとじます。そでぐりから拾い目して編み、伏せ止めをします。【仕上げ】わきとそで下を続けてすくいとじでとじ、糸始末をします。

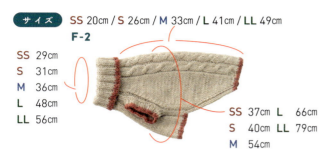

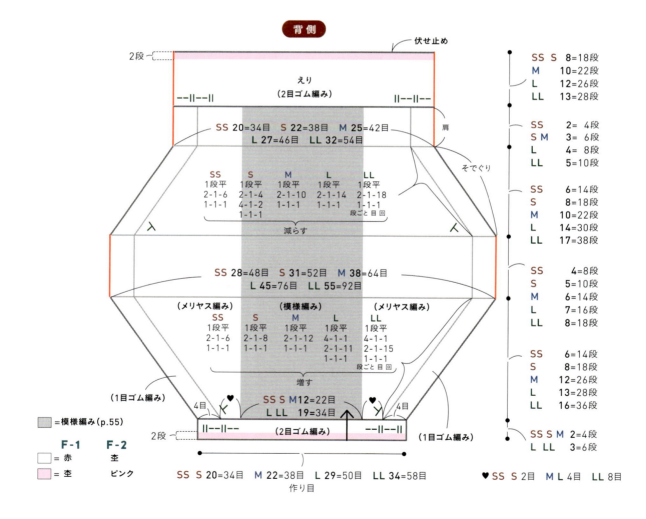

(54)

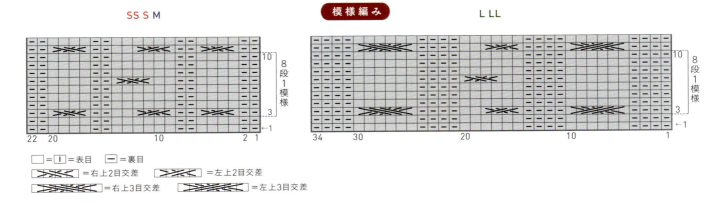

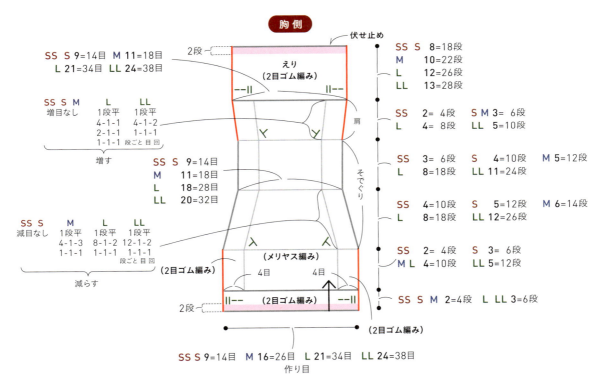

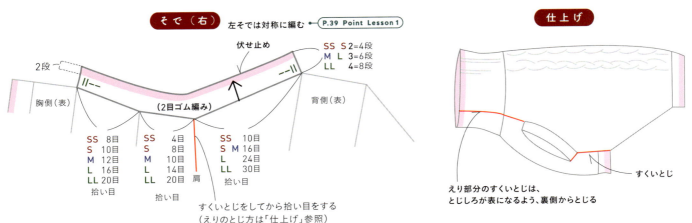

G 星条旗柄ジャケット　»16&17ページ

サイズ　SS 20cm / S 27cm / M 33cm / L 41cm / LL 49cm

SS 30cm
S 34cm
M 39cm
L 49cm
LL 58cm

G-1

SS 36cm　S 42cm
M 50cm　L 65cm
LL 81cm

準備

糸… パピーブリティッシュエロイカ
G-1…紺（101） SS、S 40g / M 50g / L 50g / LL 100g
　　　白（125） SS、S 40g / M 50g / L 70g / LL 100g
　　　赤（116） SS、S 35g / M 45g / L 60g / LL 120g
G-2…赤（116） SS、S 40g / M 50g / L 50g / LL 100g
　　　白（125） SS、S 40g / M 50g / L 70g / LL 100g
　　　紺（101） SS、S 35g / M 45g / L 60g / LL 120g
針… 8号2本棒針、とじ針、縫い針
その他… 直径2cmのボタン（茶色） SS、S、M 3個 / L、LL 4個、縫い糸

ゲージ　メリヤス編み16目、22段=10cm

編み方

【背側】指定の目数作り目をし、編み始めます。わきとそでぐりで目を増減しながら編みます。最後は伏せ止めにします。【左胸側 右胸側】背側と同様に編みます。左胸側の指定の位置にはボタン穴をあけます。【そで】えりと肩をすくいとじでとじます。そでぐりから拾い目し、両わきと中央で増減しながら編み、伏せ止めをします。【仕上げ】わきとそで下を続けてすくいとじでとじます。糸始末をし、ボタンをつけます。

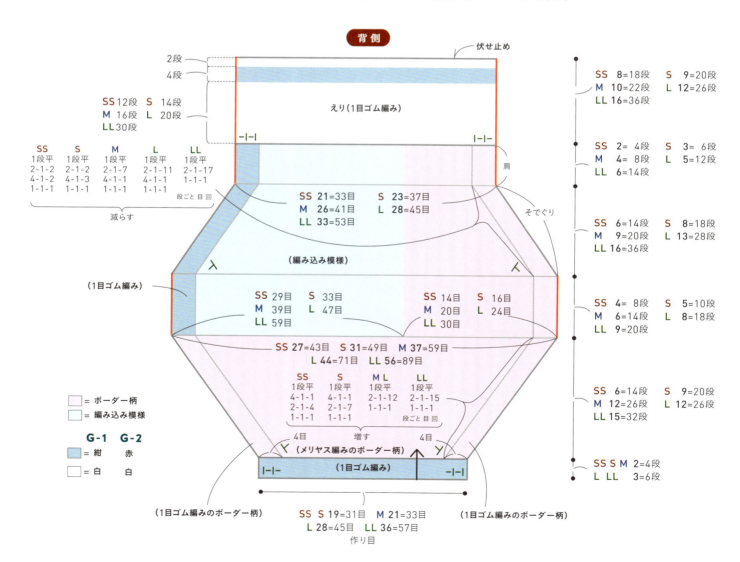

(56)

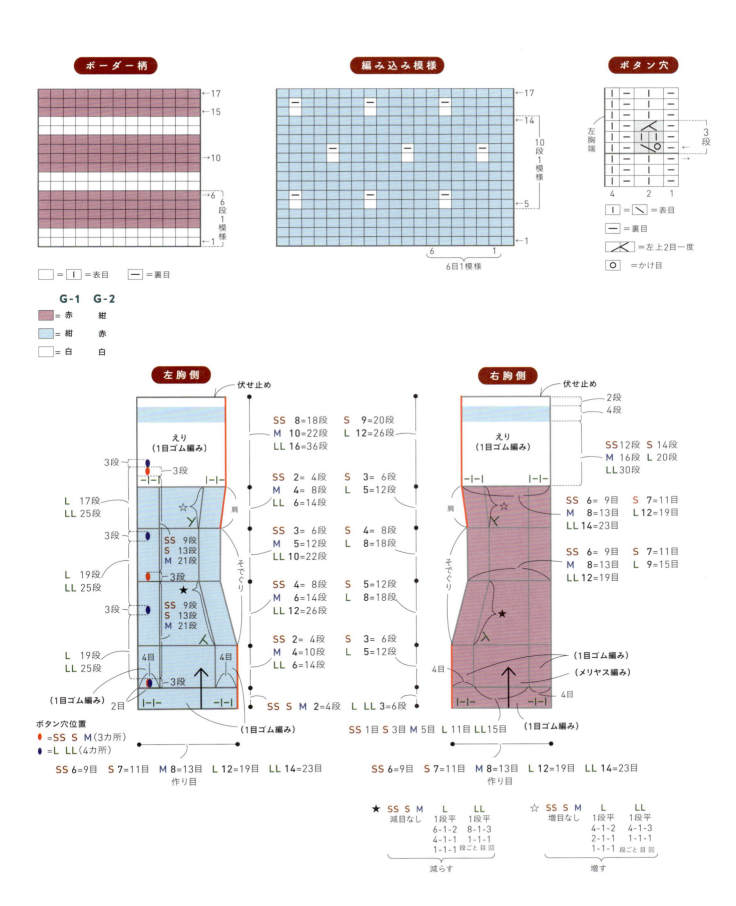

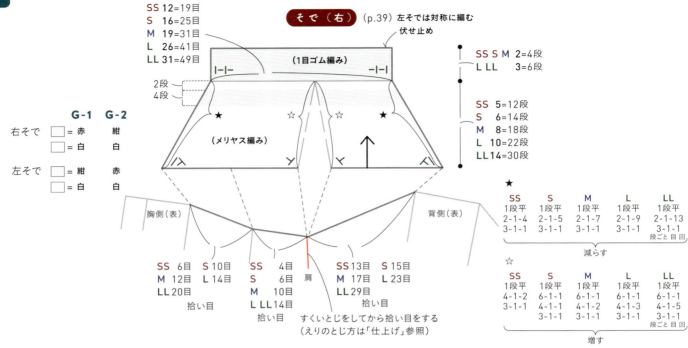

G-1　　　　　　　　　　　　　　　　　　　G-2

H パステルカラーのボーダープルオーバー＆おそろいスヌード　≫18&19ページ

サイズ　SS 20cm / S 26cm / M 33cm / L 41cm / LL 49cm

H-1
- SS 28cm
- S 33cm
- M 37cm
- L 47cm
- LL 56cm

SS 35cm　L 67cm
S 40cm　LL 80cm
M 51cm

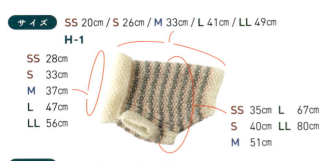

準備

糸…オカダヤ nicole
- H-1…ベビーピンク（3）SS、S 10g / M、L 40g / LL 80g
  - グレー（19）SS、S 10g / M、L 40g / LL 80g
- H-2…ベビーブルー（12）SS、S 10g / M、L 40g / LL 80g
  - グレー（19）SS、S 10g / M、L 40g / LL 80g

オカダヤ fluffy mohair
- 白（1）SS、S 20g / M、L 80g / LL 160g

針…6号2本棒針、6号60cm輪針、とじ針

ゲージ　かのこ編み19.5目、28段=10cm

編み方

【背側】指定の目数作り目をし、わきとそでぐりで目を増減しながら編みます。最後は休み目にします。【胸側】背側と同様に編みます。【えり】背側と胸側の休み目を胸側中央から輪針で拾います（p.40）。往復で編み、伏せ止めをします。【そで】えりぐりから肩をすくいとじでとじます。そでぐりから拾い目し、伏せ止めをします。【仕上げ】わきとそで下を続けてすくいとじでとじ、糸始末をします。

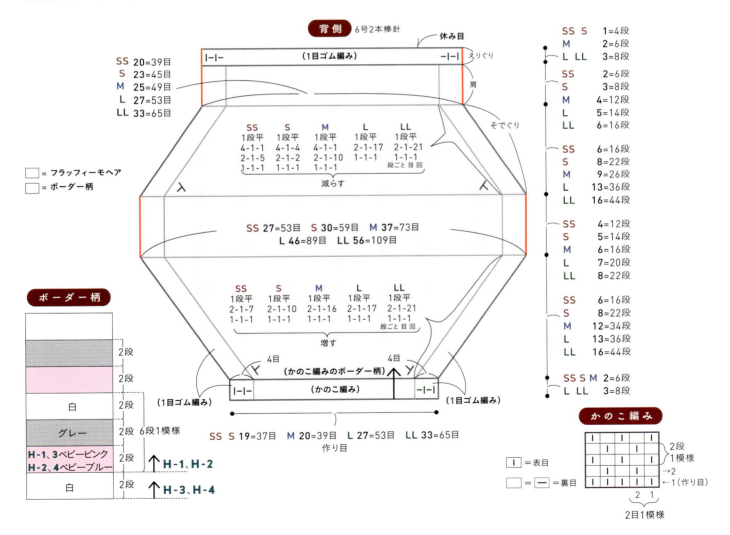

(59)　次ページに続く

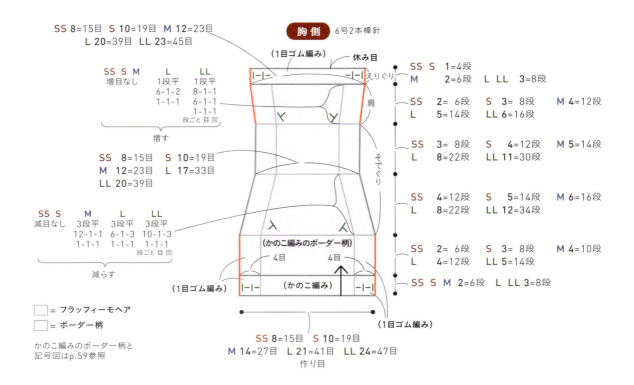

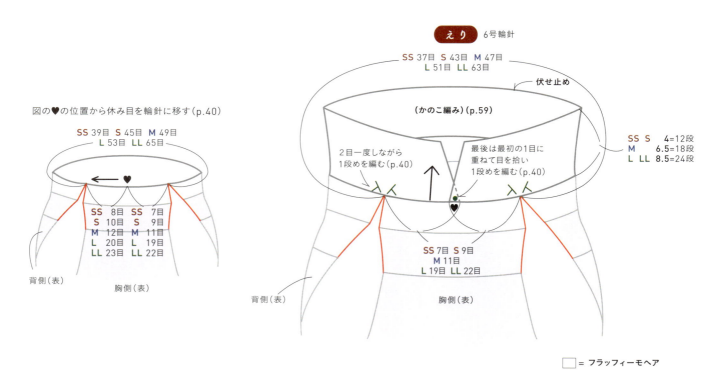

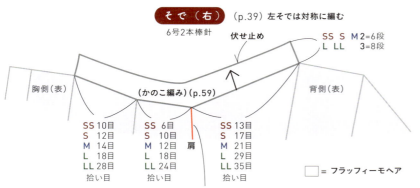
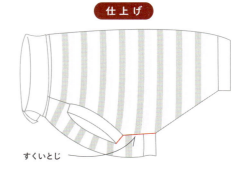

H おそろいスヌード　>> 19 ページ

サイズ

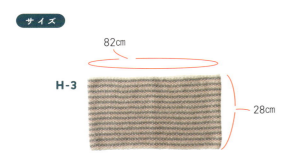

準備

糸… オカダヤ nicole
　　H-3…ベビーピンク（3）40g
　　　　　グレー（19）40g
　　H-4…ベビーブルー（12）40g
　　　　　グレー（19）40g
　　オカダヤ fluffy mohair
　　（共通）白（1）75g
針… 6号2本棒針、とじ針

ゲージ

かのこ編み19.5目、28段=10cm

編み方

指定の目数作り目をして編み、最後は伏せ止めします。すくいとじでとじて輪にします。

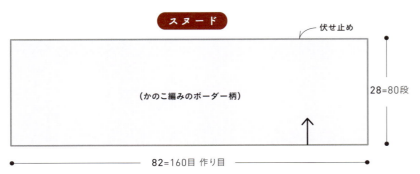

かのこ編みのボーダー柄と記号図はp.59参照

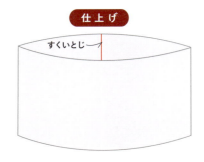

HOW TO

I ハロウィン＆クリスマスワンピース　»20 & 21ページ

サイズ　SS 19cm / S 24cm / M 30cm / L 37cm / LL 46cm

I-2
- SS 29cm
- S 34cm
- M 38cm
- L 48cm
- LL 57cm

- SS 35cm　L 66cm
- S 41cm　LL 79cm
- M 51cm

準備

糸…パピークィーンアニー
- I-1…赤（822）SS 80g / S 100g / M 150g / L 200g / LL 300g
- 黒（803）SS、S 10g / M 15g / L、LL 20g
- I-2…オレンジ色（103）SS、S 85g / M 120g / L 200g / LL 300g
- 黒（803）SS、S 40g / M 45g / L 50g / LL 60g
- 紫（107）SS、S 10g / M 15g / L、LL 20g

パピープリミティーボ
- I-1…白（102）SS 25g / S 30g / M 40g / L 80g / LL 160g
- I-2…グレー（105）SS 25g / S 30g / M 40g / L 80g / LL 160g

針…6号2本棒針、6号60cm輪針、4/0号かぎ針、とじ針
その他…くるくるボンボン直径3.5cm

ゲージ　メリヤス編み20目、28段=10cm

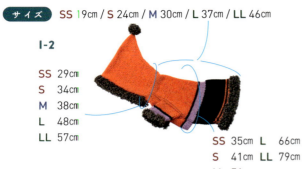

編み方

【スカート】指定の目数作り目をし、両わきで目を増やしながら編みます。最終段で目を減らし、休み目にします。【背側】スカートの休み目から目を拾い、わきとそでぐりで目を増減しながら編みます。最後は休み目にします。【胸側】指定の目数作り目をし、背側と同様に編みます。最後は休み目にします。【フード】背側と胸側の休み目を胸側の中央から輪針で拾います（p.40）。中央2カ所で目を増しながら往復で編みます。最後は目を2つに分けて、引き抜きはぎをします（p.93）。【そで】えりぐりから肩をすくいとじでとじます。そでぐりから拾い目し、両わきと中央で増減しながら編み、伏せ止めをします。【仕上げ】わきとそで下を続けてすくいとじでとじます。ボンボンを作ってつけ、糸始末をします。

スカート　6号2本棒針

SS 45目　S 53目　M 65目　L 81目　LL 101目
に最終段で減らす（下図参照）

4目　　休み目　　4目

SS 38=75目　S 44=87目　M 53=105目
L 65=129目　LL 80=159目
（メリヤス編み）

各2段　4目

SS 55目　S 61目　M 69目　L 89目　LL 111目

（1目ゴム編み）　　（1目ゴム編み）　　（1目ゴム編み）

SS 5=13段
S 7=19段
M 10=29段
L 12=33段
LL 15=41段

1 = 4段

SS 32=63目　S 35=69目　M 39=77目　L 49=97目　LL 60=119目
作り目

★
SS	S	M	L	LL
2段平	2段平	2段平	2段平	2段平
2-1-5	2-1-8	2-1-13	2-1-15	2-1-19
1-1-1	1-1-1	1-1-1	1-1-1	1-1-1
				段ごと 目 回

増す

□ = プリミティーボ

	I-1	I-2
□	赤	黒
□	赤	オレンジ色

スカート最終段の目の減らし方

4目　　1目おきに2目一度で減らす　　4目

| = 表目　　⋋ = 左上2目一度　　⋌ = 右増し目　　⋋ = 左増し目

(62)

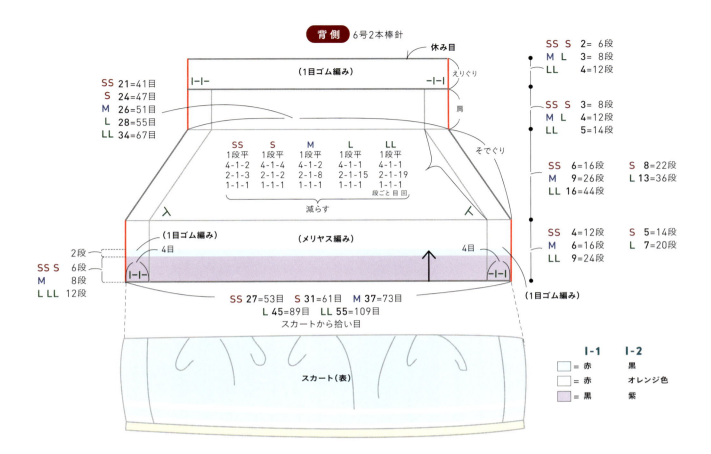

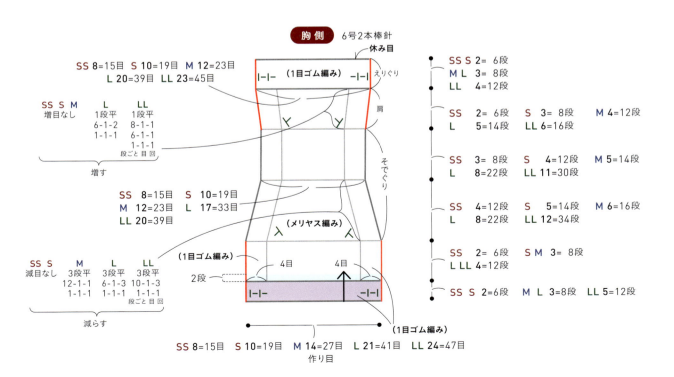

（ 63 ）次ページに続く

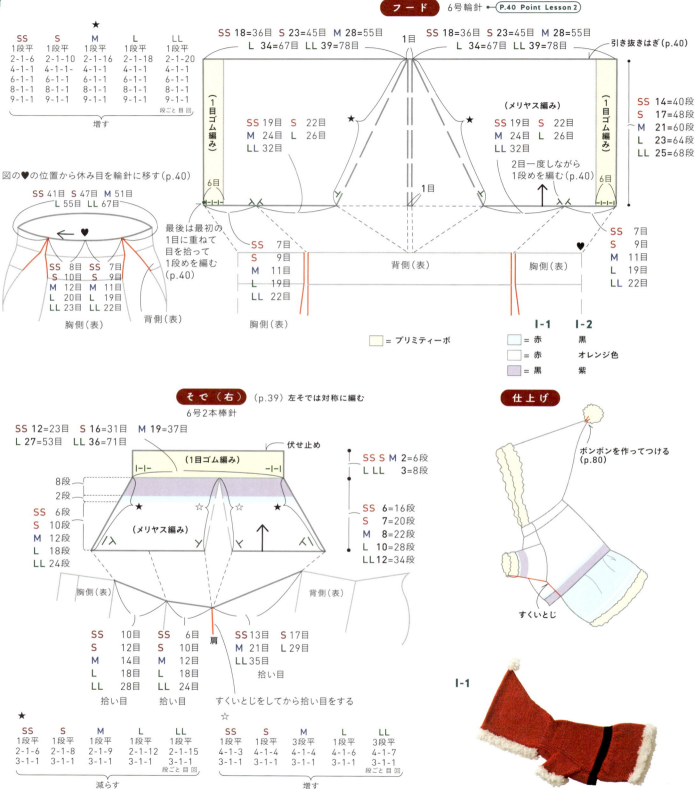

K てんとう虫とみつばちのワンピース　»24&25ページ

サイズ
K-2

SS 20cm　S 26cm
M 33cm　L 41cm
LL 49cm

SS 27cm　S 32cm
M 36cm　L 48cm
LL 55cm

SS 35cm　S 40cm
M 49cm　L 65cm
LL 76cm

準備
糸… ハマナカわんぱくデニス
K-1…黒 (17) SS 40g / S 60g / M 70g / L 80g / LL 130g
　　赤 (10) SS 20g / S 35g / M 40g / L 80g / LL 120g
K-2…黒 (17) SS 45g / S 65g / M 75g / L 85g / LL 135g
　　黄色 (43) SS 40g / S 60g / M 70g / L 80g / LL 130g
針… 6号2本棒針、6号60cm輪針、5/0号かぎ針、とじ針

ゲージ
メリヤス編み19目、26段=10cm

編み方
【スカート】上スカートと下スカートの2枚を指定の目数作り目をして編みます。最終段で目を減らし、休み目にします。【背側】上下スカートの休み目を一緒に拾い、編み始めます (p.41)。わきとそでぐりで目を増減しながら編みます。最後は休み目にします。【胸側】指定の目数作り目をし、背側と同様に編みます。【フード】背側と胸側の休み目を、胸側中央から輪針に移します (p.40)。4カ所で目を減らしながら往復で編みます。最後は2つに目を分けて、引き抜きはぎをします (p.93)。【そで】えりぐりと肩をすくいとじでとじます。そでぐりから拾い目して編み、最後は伏せ止めをします。【仕上げ】わきとそで下を続けてすくいとじでとじます。かぎ針で触覚 (K-1は模様も) を編んでつけ、糸始末をします。

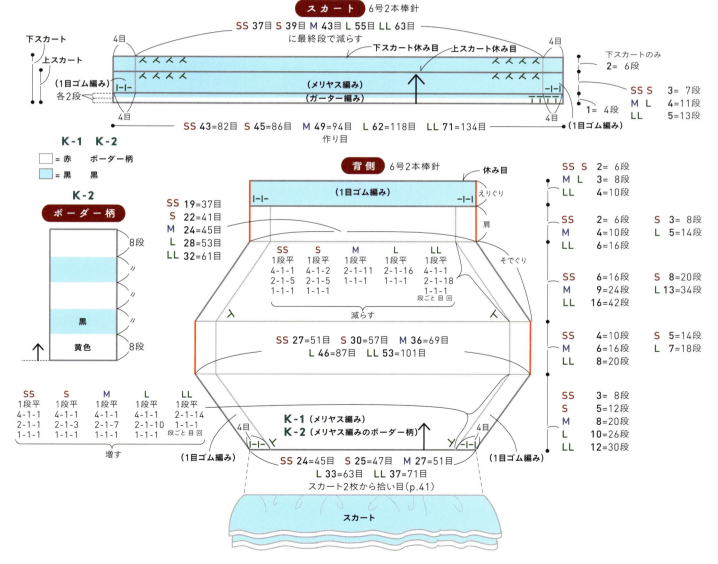

(65) 次ページに続く

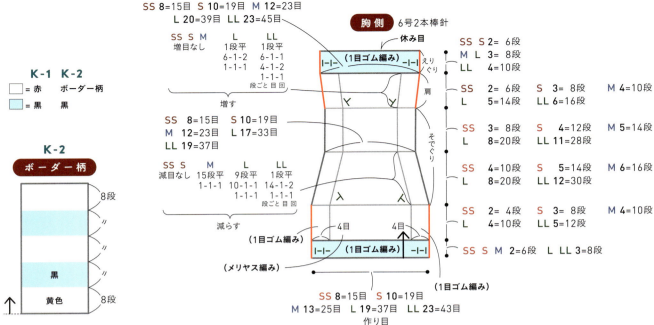
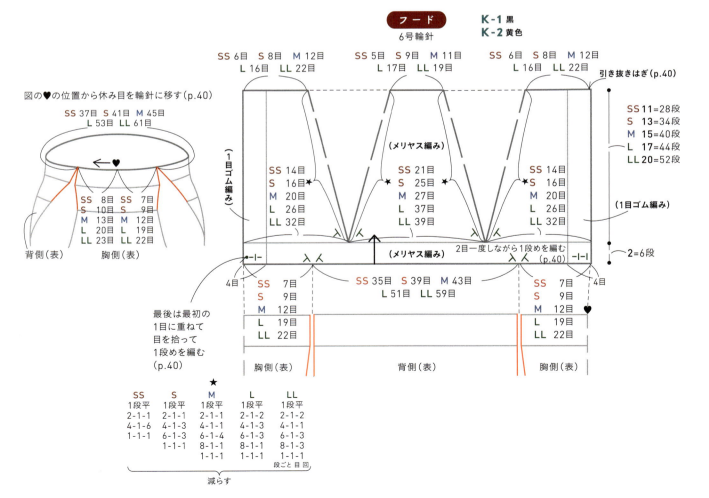

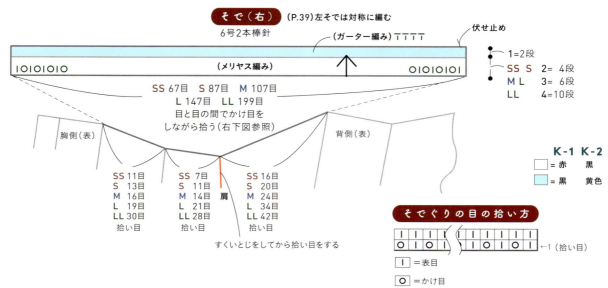

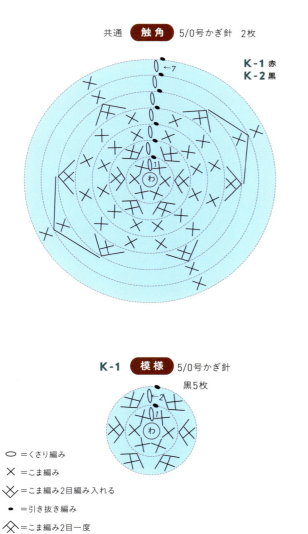

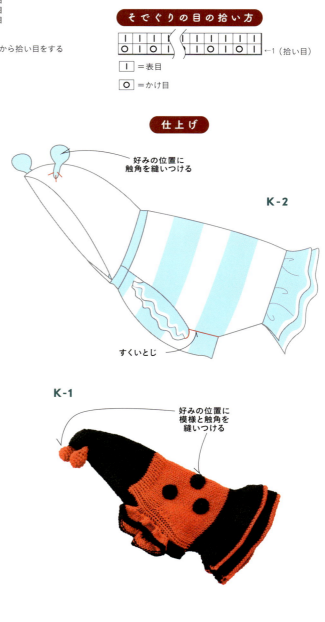

L ポケットつきレタードプルオーバー　»26 & 27ページ

サイズ　SS 20cm / S 26cm / M 33cm / L 41cm / LL 49cm

準備
糸…ハマナカアメリー
L-1…ピンク（7）SS、S 40g / M、L 70g / LL 110g
　　　ミントブルー（45）SS、S 10g / M、L 20g / LL 35g
L-2…グリーン（14）SS、S 40g / M、L 70g / LL 110g
　　　レモンイエロー（25）SS、S 10g / M、L 20g / LL 35g
針…6号2本棒針、とじ針、縫い針
その他…アップリケ用フェルト（好みの色）、手縫い糸

L-1
SS 28cm
S 33cm
M 37cm
L 47cm
LL 56cm

SS 35cm　S 40cm
M 51cm　L 67cm
LL 80cm

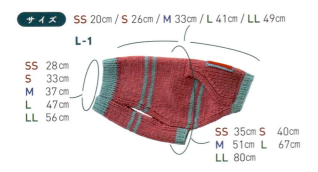

ゲージ　メリヤス編み19.5目、28段＝10cm

編み方
【背側】指定の目数作り目をし、わきとそでぐりで目を増減しながら編みます。最後は伏せ止めをします。【胸側】背側と同様に編みます。【ポケット】指定の目数作り目をして編みます。最後は伏せ止めをします。好みの位置にアップリケをしてから、背側にかがります。【仕上げ】そでぐりを残してすくいとじでとじ、糸始末をします。

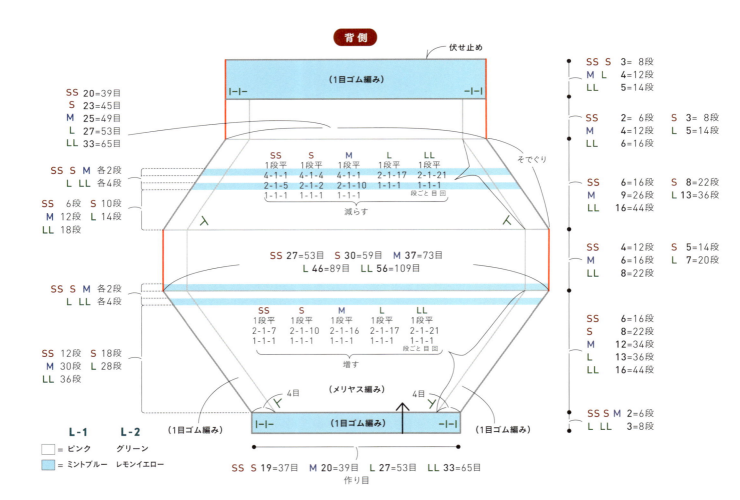

L-1　L-2
□ = ピンク　グリーン
■ = ミントブルー　レモンイエロー

(68)

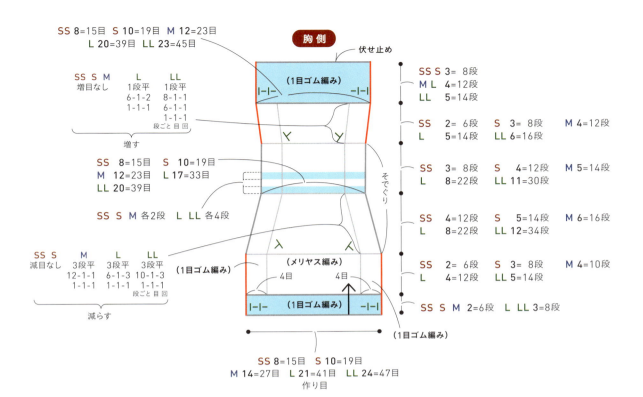
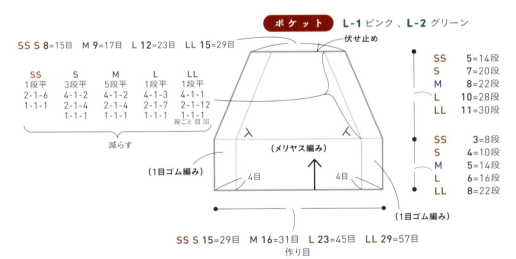
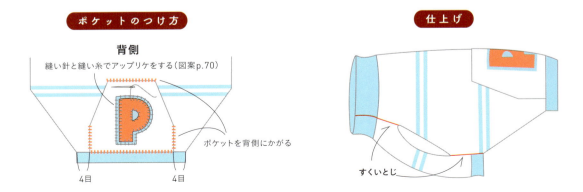

HOW TO

アップリケ図案

内側のフェルトを切り抜く

外側…下のフェルト
内側…上のフェルト

1　2　3　4（cm）
電子書籍でご覧の場合はスケールを参照して下さい。

① 好みの大きさに拡大コピーします。※拡大の目安は、SSサイズは120％、Sサイズは170％、Mサイズは200％、Lサイズは250％、LLサイズは370％です。
② 切り取ってフェルトに重ね、ラインを写したらフェルトを切ります。
③ 外側に内側のフェルトを重ねて内側を縫い糸でまつります。続けて外側を縫い糸でポケットにまつります。

ポケットのつけ方

ポケットを背側にまつりつけます。
※わかりやすいように糸の色を変えて説明しています。

1 背側でポケットをつけたい位置を決めます。目印に段目リングをつけるとわかりやすい。

2 60㎝程度の毛糸にとじ針をつけ、背側の目とポケットの目をすくいます。

3 1段ずつすくってまつります。

4 下までまつったところ。まつった糸が見えないぐらいまで糸を引きます。

5 向きを変え、底と上辺をまつります。

N 透かし模様のラメワンピース ≫ 29 ページ

サイズ　SS 20cm / S 25cm / M 31cm / L 40cm / LL 49cm

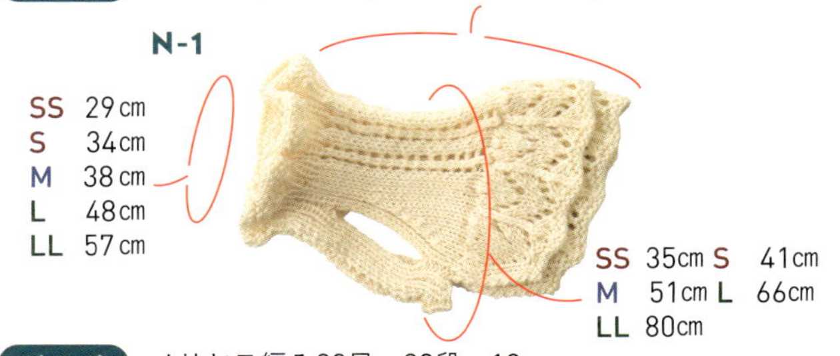

N-1

SS	29cm
S	34cm
M	38cm
L	48cm
LL	57cm

SS 35cm　S 41cm
M 51cm　L 66cm
LL 80cm

ゲージ　メリヤス編み20目、28段＝10cm

準備

糸…ハマナカエクシードウール《ラメ》
　　N-1…白（501）SS 40g / S 45g / M75g / L110g / LL 220g
　　N-2…黒（508）SS 40g / S 45g / M75g / L 110g / LL 220g
針…8号2本棒針、とじ針、手縫い針
その他…リボン（色は好みで）
　　S、SS 幅4cmを長さ35cm / M、L、LL 幅5.5cmを長さ55cm
　　直径5mmのパールビーズ1個（色は好みで）、手縫い糸

編み方

【スカート】上スカートと下スカートの2枚を編みます。指定の目数作り目をし、わきで目を増やしながら編みます。最終段で目を減らし、休み目にします。【背側】上下スカートの休み目を一緒に拾い、編み始めます（p.41）。そでぐりで目を減らしながら編みます。続けて、えりのフリルを編み、最後は伏せ止めをします。【胸側】指定の目数作り目をし、背側と同様に編みます。【仕上げ】そでぐりを残してすくいとじし、糸始末をします。背側の好みの位置に、結んだリボンとパールビーズをつけます。

スカート

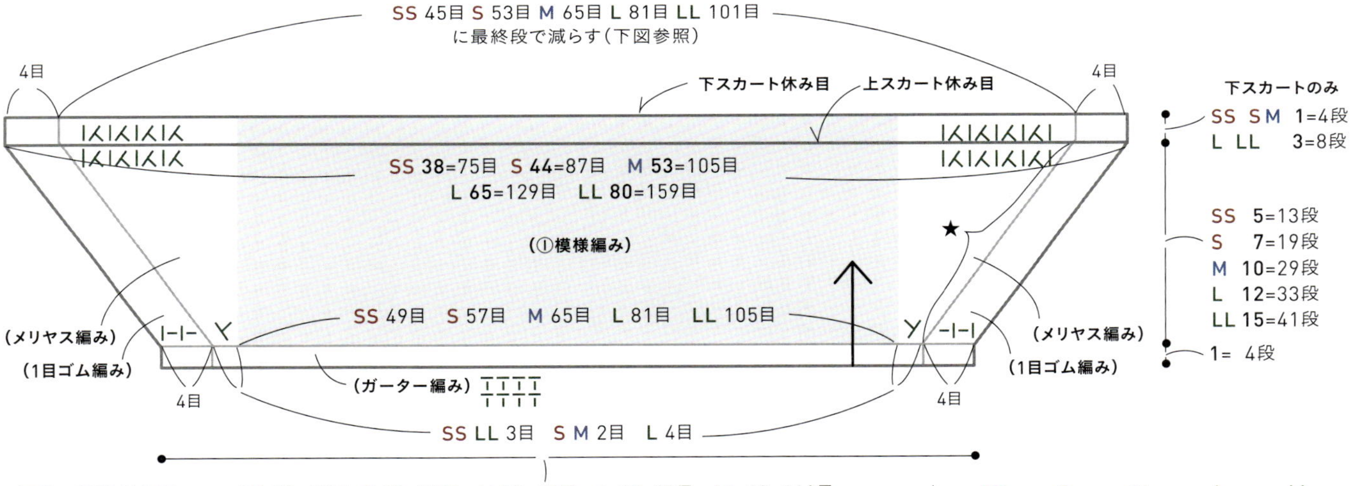

SS 45目 S 53目 M 65目 L 81目 LL 101目
に最終段で減らす（下図参照）

下スカート休み目　　上スカート休み目

4目　　　　　　　　　　　　　　　　　　　　4目

下スカートのみ
SS S M　1＝4段
L LL　3＝8段

SS 38＝75目　S 44＝87目　M 53＝105目
L 65＝129目　LL 80＝159目

（①模様編み）

SS 5＝13段
S 7＝19段
M 10＝29段
L 12＝33段
LL 15＝41段

1＝ 4段

（メリヤス編み）　SS 49目　S 57目　M 65目　L 81目　LL 105目　（メリヤス編み）
（1目ゴム編み）　　　　　　　　　　　　　　　　　　　　　　（1目ゴム編み）

4目　　　　　　　　　　　　　　　　　　　　4目

（ガーター編み）

SS LL 3目　S M 2目　L 4目

☐ ＝①模様編み　SS 32＝63目　S 35＝69目　M 39＝77目　L 49＝97目　LL 60＝119目
作り目

★

	SS	S	M	L	LL
	2段平	2段平	2段平	2段平	2段平
	2-1-5	2-1-8	2-1-13	2-1-15	2-1-19
	1-1-1	1-1-1	1-1-1	1-1-1	1-1-1
					段ごと目回

増す

① 模様編み

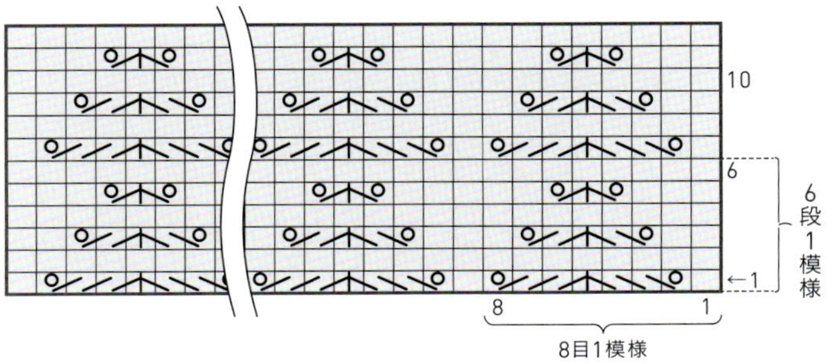

10

6
6段1模様

1

8目1模様

8　　　　　1

減らし方

4目　　　　1目おきに2目一度で減らす　　　　4目

☐ ＝ | ＝ ／ ＝ ＼ ＝表目　　— ＝裏目　　⋏ ＝中上3目一度　　○ ＝かけ目　　＜ ＝右増し目　　＞ ＝左増し目　　＼ ＝左上2目一度

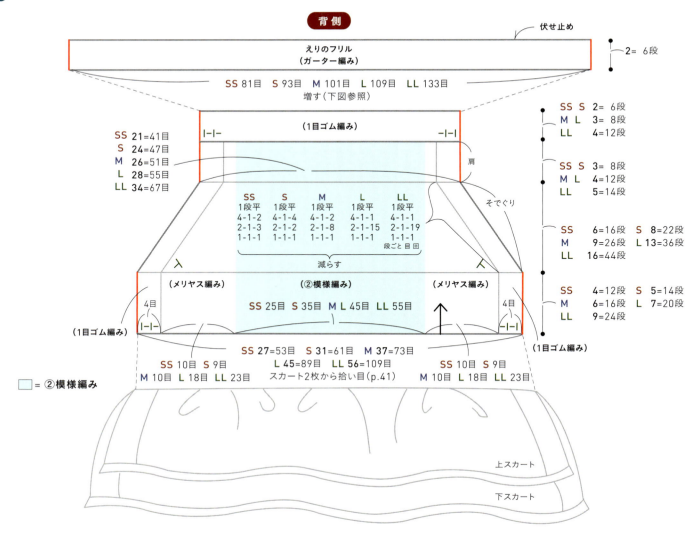

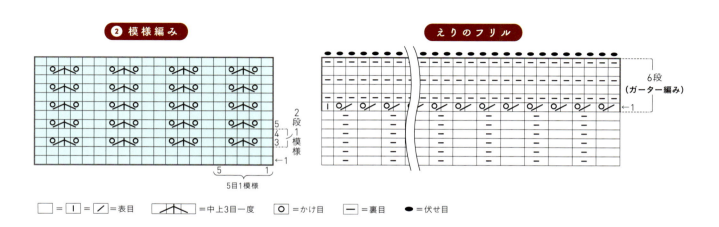

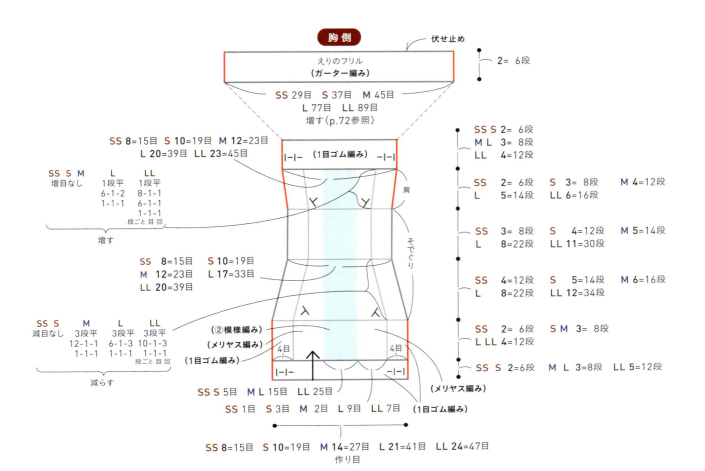

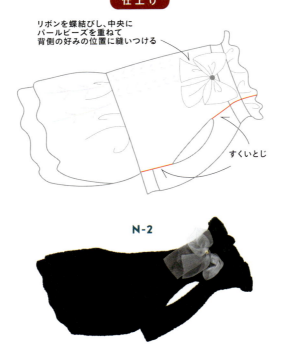

N-2

O フェアアイル柄のプルオーバー＆おそろいハンドウォーマー »30 & 31ページ

サイズ SS 20cm / S 26cm / M 33cm / L 41cm / LL 49cm

O-1
- SS 27cm
- S 31cm
- M 38cm
- L 48cm
- LL 55cm

SS 34cm　S 40cm
M 51cm　L 66cm
LL 75cm

ゲージ メリヤス編み19目、26段=10cm

編み方
【背側】指定の目数作り目をし、わきとそでぐりで目を増減しながら編みます。最後は休み目にします。【胸側】背側と同様に編みます。【えり】背側と胸側の休み目を、胸側中央から輪針で拾います(p.40)。往復で編み、伏せ止めをします。【仕上げ】そでぐりを残してすくいとじでとじ糸始末をします。

準備

糸…ハマナカわんぱくデニス
- O-1…濃ピンク（9）SS、S 25g / M 45g / L 50g / LL 60g
  - 白（1）SS、S 25g / M、L 40g / LL 50g
  - ワインレッド（38）SS、S 15g / M、L 20g / LL 40g
  - 濃黄緑（46）SS、S 10g / M、L 20g / LL 30g
- O-2…グレージュ（58）SS、S 25g / M 45g / L 50g / LL 60g
  - ブルー（45）SS、S 25g / M、L 40g / LL 50g
  - 白（1）SS、S 15g / M、L 20g / LL 40g
  - オレンジ色（44）SS、S 10g / M、L 20g / LL 30g
- O-3…白（1）SS、S 25g / M 45g / L 50g / LL 60g
  - オレンジ色（44）SS、S 25g / M、L 40g / LL 50g
  - 濃黄緑（46）SS、S 15g / M、L 20g / LL 40g
  - 黄色（43）SS、S 10g / M、L 20g / LL 30g

針… 6号2本棒針、6号60cm輪針、とじ針

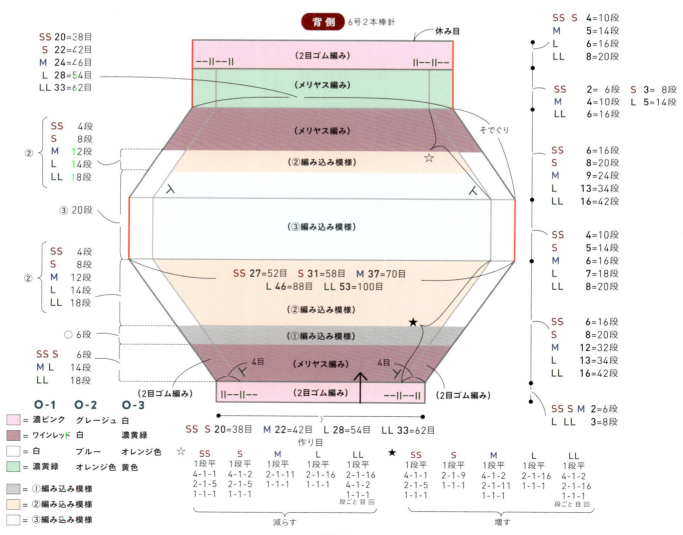

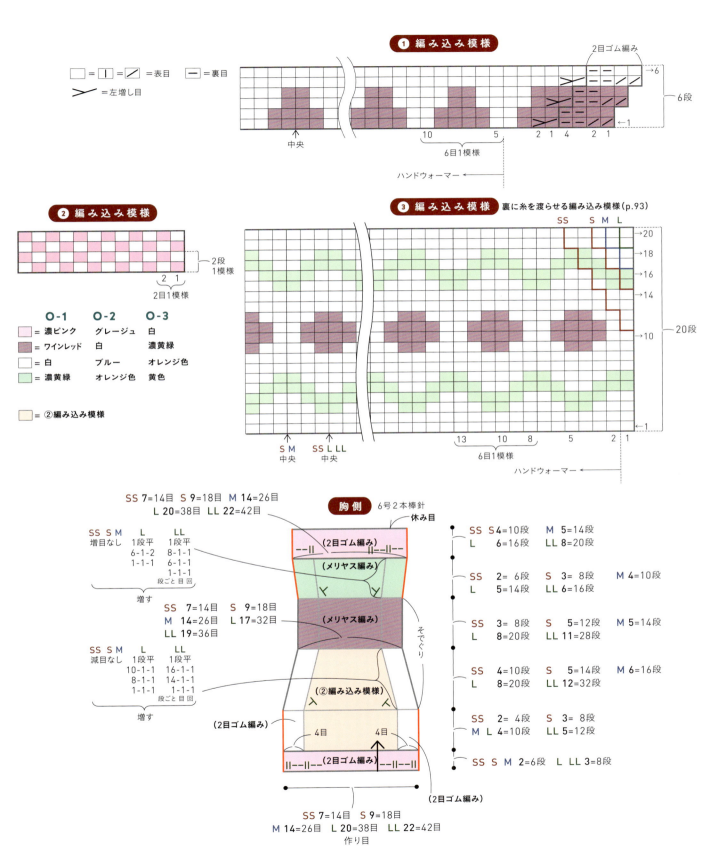

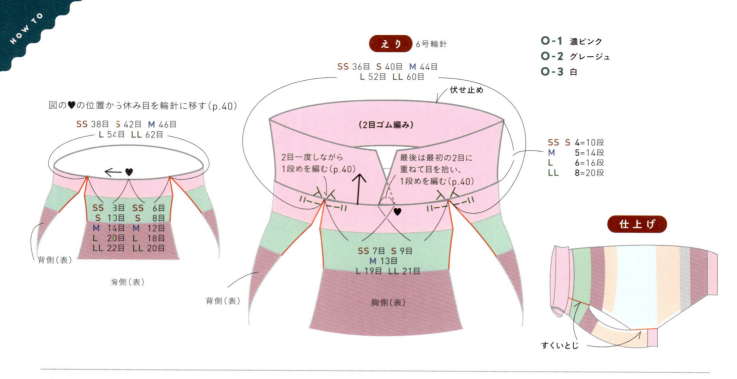

おそろい ハンドウォーマー ≫30ページ

サイズ
O-5　22cm　19cm

準備
糸… ハマナカわんぱくデニス
　O-4…濃ピンク（9）15g　白（1）15g　ワインレッド（38）10g　濃黄緑（46）10g
　O-5…グレージュ（58）15g、ブルー（45）15g、白（1）10g、
　　　　オレンジ色（44）10g
　O-6…白（1）15g、オレンジ色（44）15g、濃黄緑（46）10g　黄色（43）10g
針… 6号2本棒針、とじ針

編み方 指定の目数作り目をして2枚編みます。それぞれ親指穴を残して、わきをすくいとじでとじます。

ゲージ メリヤス編み19目、26段=10cm

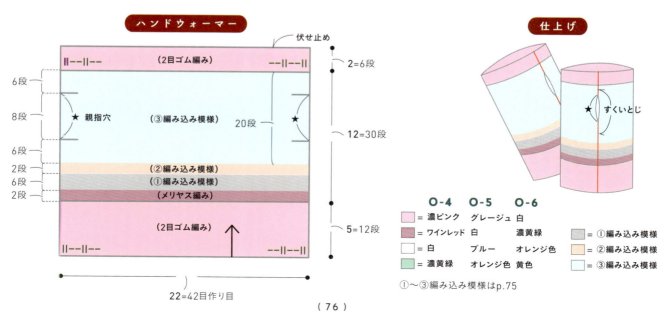

①～③編み込み模様はp.75

(76)

P フルーツ帽子　» 32ページ

● サイズ　SS S 10.5cm / M 12cm / L 13cm / LL 19cm

P-1

SS S 23cm
M L 29cm
LL 35cm

SS S 14cm
M L 17cm
LL 21cm

SS S 22cm
M L 25cm
LL 36cm

● ゲージ　メリヤス編み20目、28段=10cm

● 準備
糸…ハマナカアメリー
　P-1…レモンイエロー（25）SS、S 10g / M、L 15g / LL 40g
　　　オレンジ色（4）SS、S 10g / M、L 15g / LL 25g
　　　グレー（22）SS、S 5g / M、L 10g / LL 40g
　　　グリーン（14）5g
　P-2…ダークレッド（6）SS、S 10g / M、L 15g / LL 40g
　　　白（20）SS、S 10g / M、L 15g / LL 25g
　　　ピンク（7）SS、S 5g / M、L 10g / LL 40g
　　　グリーン（14）5g
針…6号2本棒針、4/0号かぎ針、とじ針

● 編み方
【帽子】指定の目数作り目をし、両端で目を減らしながら編みます。最後は目を2つに分けて、引き抜きはぎをします（p.93）。【首】目を拾って編み、最後は伏せ止めをします。首中央をすくいとじでとじます。【仕上げ】かぎ針で葉を編んでつけます。糸始末をします。

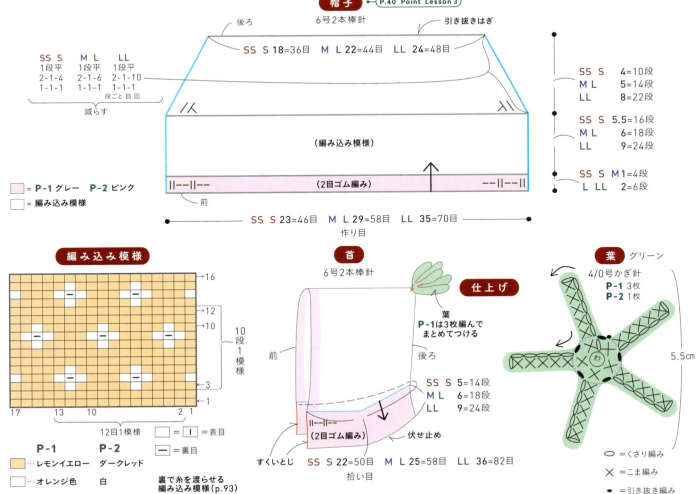

(77)

Q 虹色マフラー » 33ページ

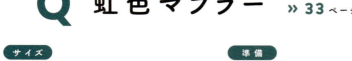

サイズ
Q-1
- SS 33cm
- S 37cm
- M 55.5cm
- L 65cm
- LL 80.5cm
- Q-2 146cm

準備
糸… パピークイーンアニー
- 紫（107） SS、S 5g / M、L 10g / LL 15g / Q-2 40g
- ブルー（965） SS、S 10g / M、L 15g / LL 20g / Q-2 50g
- グリーン（935） SS、S 10g / M、L 15g / LL 20g / Q-2 50g
- 黄色（934） SS、S 10g / M、L 15g / LL 20g / Q-2 50g
- オレンジ色（967） SS、S 10g / M、L 15g / LL 20g / Q-2 50g
- 赤（109） SS、S 5g / M、L 10g / LL 15g / Q-2 40g

針… 7号2本棒針、とじ針

ゲージ ガーター編み18目、39段=10cm

編み方
指定の目数作り目をして編みます。最後は伏せ止めにします。【通し口】ワンコ用は片端を折ってかがり、通し口を作ります。

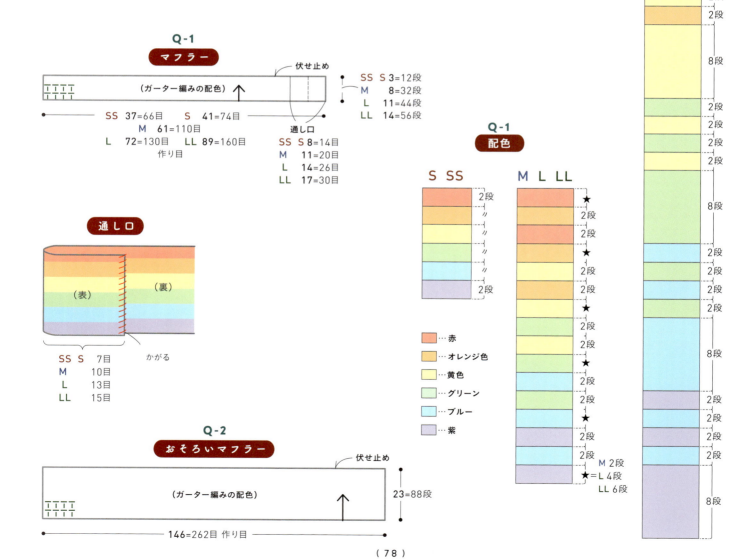

(78)

R 変身パーティ帽子　»34ページ

サイズ

パンダ

SS S	23cm	
M L	30cm	
LL	35cm	

SS S	19cm
M	23.5cm
L	24.5cm
LL	33.5cm

SS S	22cm
M L	25cm
LL	35cm

準備

糸…パピーシェットランド
- パンダ……白(50) SS、S 25g / M、L 40g / LL 60g
- 　　　　黒(32) SS、S 15g / M、L 20g / LL 30g
- 三つ編み…こげ茶(05) SS、S 30g / M、L 40g / LL 60g
- 　　　　白(50) SS、S 15g / M、L 20g / LL 30g
- 　　　　ピンク(58) 5g
- キリン……黄色(54) SS、S 15g / M、L 20g / LL 50g
- 　　　　オレンジ色(43) SS、S、M 10g / L、LL 20g
- 　　　　こげ茶(05) SS、S、M 5g / L、LL 10g
- 針…6号2本棒針、4/0号かぎ針、とじ針
- その他…くるくるボンボン(共通) SS、S、M 直径3.5cm
- 　　　　パンダ 耳(黒) SS、S、M 直径3.5cm / L、LL 直径5.5cm

ゲージ
メリヤス編み 21目、29段=10cm

編み方
【帽子】指定の目数作り目をして編みます。最後は目を2つに分けて、引き抜きはぎをします(p.93)。【首】目を拾って編み、最後は伏せ止めをします。すくいとじでとじます。【仕上げ】かぎ針で葉を編んでつけます。糸始末をします。

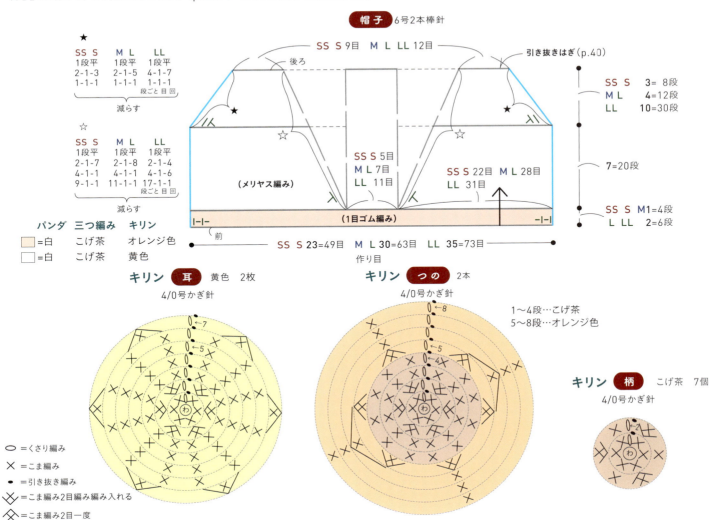

(79) 次ページに続く

HOW TO

キリン

三つ編み

パンダ、キリン　仕上げ

パンダはボンボンを黒で2個
キリンはつのと耳を2個
好みの位置につける

SS	S	M	直径3.5cm
L	LL		直径5.5cm

前

後ろ

4段
パンダは白
キリンは黄色

SS	S	3=8段
M	L	4=10段
LL		6=16段

ひも

（くさり編み）
4/0号かぎ針
24=50目

直径3.5cmの
ボンボンを
作ってつける

パンダは白
キリンは黄色

ひもを内側につける

伏せ止め

I-I-I

（1目ゴム編み）

パンダは白
キリンはオレンジ色

首
6号2本棒針

SS	S	22=51目
M	L	25=57目
LL		35=81目

拾い目

三つ編み　リボン　2枚

6号2本棒針

ピンク

伏せ止め

（ガーター編み）

5=18段

●—7.5=15目—●
作り目

とじ針で中央をしぼってつける

三つ編み

①中央を毛糸で固結びする

こげ茶60cmを30本

こげ茶
30cm

②3等分に分けて
三つ編みする

17cm

③ピンクでしばる
④2本作る

三つ編み　仕上げ

上からリボンを
つける

好みの位置に
三つ編みを
とめつける

白
直径3.5cm

首とひもは白で
パンダ、キリンと同様に編む

ボンボンの作り方

1 くるくるボンボンのパーツを2枚合わせ、片側に毛糸を巻いていきます。

2 片側にぎっしり巻いたら、もう片側にも巻きます。

3 パーツをとじて、ストッパーを留め、周囲をはさみで切ります。

4 切り目の間を糸で固結びします。

5 丸く切りそろえます。

（ 80 ）

S とんがり帽子 »35ページ

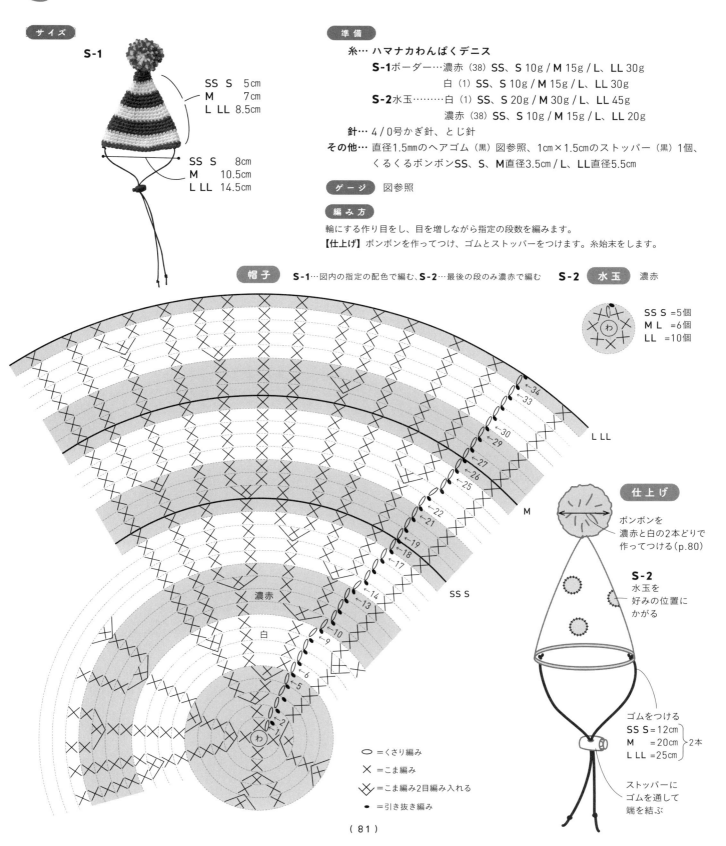

D アラン模様のプルオーバー　»10 & 11ページ

サイズ
SS 21cm / S 26cm / M 33cm / L 41cm / LL 49cm

SS 30cm
S 31cm
M 37cm
L 49cm
LL 56cm

SS 37cm　S 40cm
M 49cm　L 66cm
LL 77cm

準備
糸…ハマナカ
　SS、S、M…ソノモノ アルパカウール《並太》
　　　　生成り（61） SS 50g / S 70g / M 100g
　L、LL………ソノモノアルパカウール
　　　　生成り（41） L 190g / LL 300g
針…SS、S、M…6号2本棒針、6号60cm輪針
　　L、LL………10号2本棒針、10号60cm輪針、（共通）なわ編み針、とじ針

ゲージ
SS、S、M…メリヤス編み20目、27段=10cm　L、LL…メリヤス編み16目、21段=10cm

編み方
【背側】指定の目数作り目をし、わきとそでぐりで目を増減しながら編みます。最後は休み目にします。【胸側】背側と同様に編みます。【えり】背側と胸側の休み目を、背側の中央から輪針に移します。往復で編み、最後は伏せ止めをします。【そで】えりぐりと肩をすくいとじでとじます。そでぐりから拾い目し、わきと中央で目を増減しながら編みます。最後は伏せ止めをします。【仕上げ】わきとそで下を続けてすくいとじでとじ、糸始末をします。

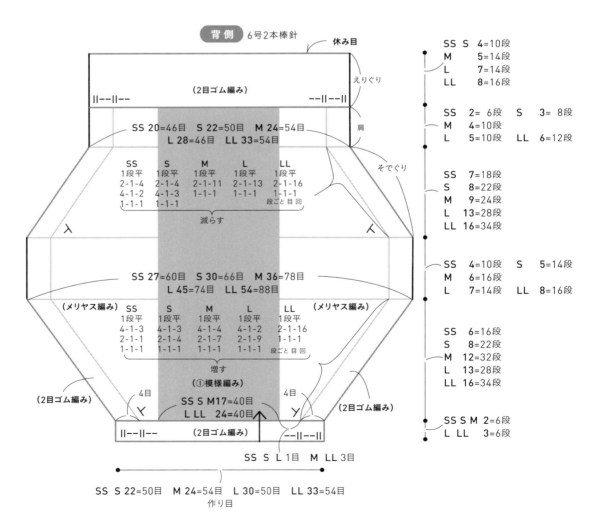

(82)

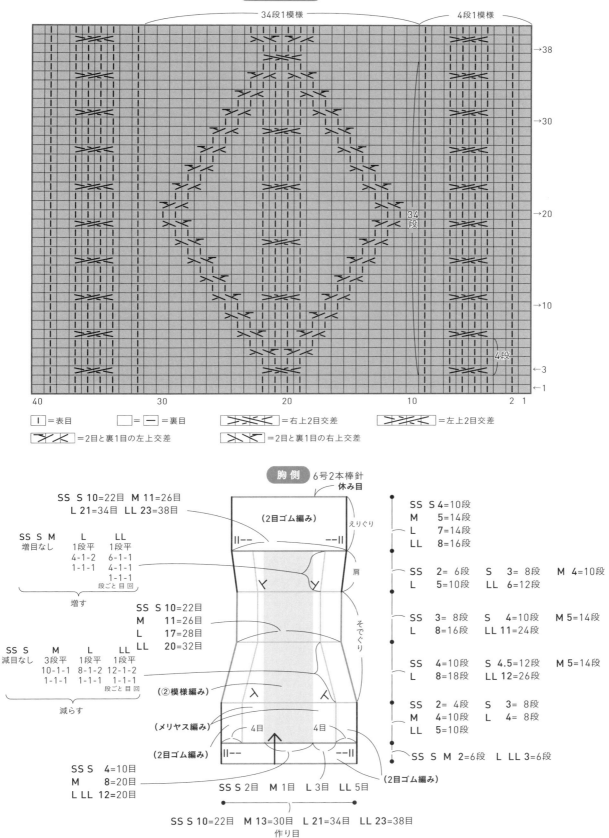

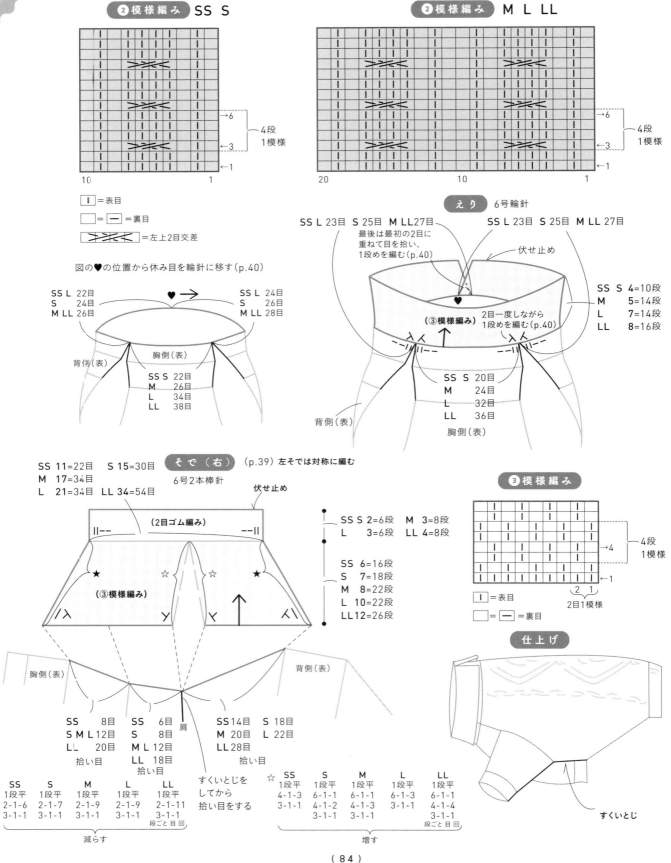

J メリヤス刺しゅうプルオーバー　»22&23ページ

サイズ　SS 20cm / S 26cm / M 33cm / L 41cm / LL 49cm

J-2
- SS 28cm
- S 33cm
- M 37cm
- L 47cm
- LL 56cm

SS 35cm　S 40cm
M 51cm　L 67cm
LL 80cm

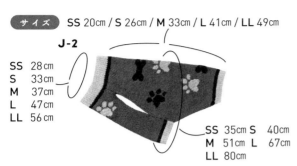

準備

糸…ハマナカアメリー
- J-1…オレンジ色 (4) SS、S 35g / M、L 80g / LL 100g
  - ベージュ (21) SS、S 10g / M、L 20g / LL 30g
  - 黒 (24) SS、S 5g / M、L 10g / LL 20g
- J-2…インクブルー (16) SS、S 35g / M、L 80g / LL 100g
  - ベージュ (21) SS、S 10g / M、L 20g / LL 30g
  - 黒 (24) SS、S 5g / M、L 10g / LL 20g

6号2本棒針、4/0号かぎ針、とじ針

針…6号2本棒針、とじ針

ゲージ　メリヤス編み19.5目、28段=10cm

編み方
【背側】指定の目数作り目をし、わきとそでぐりで目を増減しながら編みます。最後は伏せ止めをします。【胸側】背側と同様に編みます。【刺しゅう】好みの位置にメリヤス刺しゅうをします。【仕上げ】そでぐりを残してすくいとじでとじ、糸始末をします。

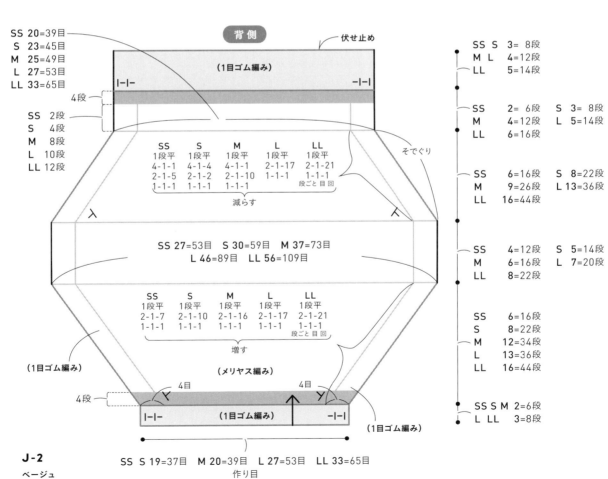

J-1　**J-2**
- ☐ = ベージュ　ベージュ
- ▨ = 黒　黒
- ☐ = オレンジ色　インクブルー

(85)　次ページに続く

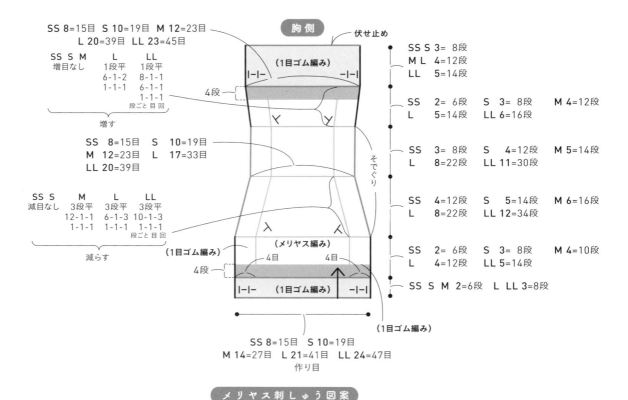

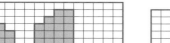

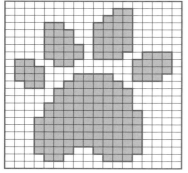
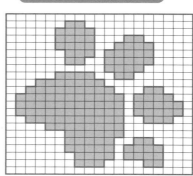
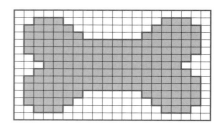

仕上げ

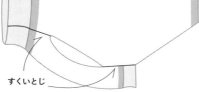

J-1

J-2

M トラッドスタイルのケープ »28ページ

サイズ
M-2
SS 25.5cm　S 27.5cm
M 31cm　L 36cm
LL 43cm

SS 6cm
S 7cm
M 10cm
L 13cm
LL 15cm

準備
糸… パピーブリティッシュファイン
　M-1…ブルー（064）SS、S 20g / M、L 30g / LL 50g
　M-2…グレー（010）SS、S 20g / M、L 30g / LL 50g
針… 4号2本棒針、とじ針、縫い針
その他… 木製ボタンSS、S直径1.5cmを4個、
　　　　 M、L、LL直径1.8cmを6個、縫い糸

ゲージ 模様編み30目、34段＝10cm / 1目ゴム編み、2目ゴム編み36目、34段＝10cm

編み方
【ケープ】指定の目数作り目をし、途中で目を減らしながら編みます。最後は伏せ止めをします。指定の位置にボタン穴を編みます。【仕上げ】ボタンをつけ、糸始末をします。

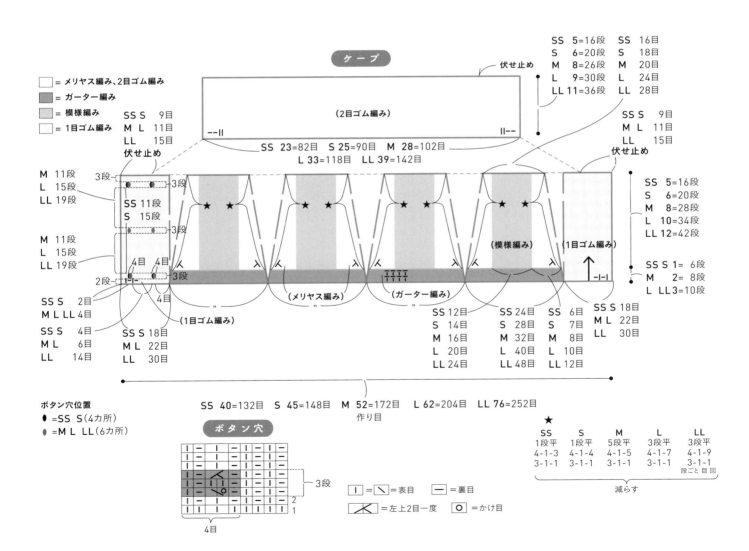

（87）次ページに続く

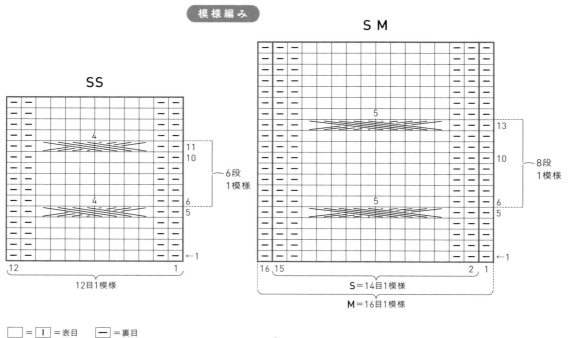
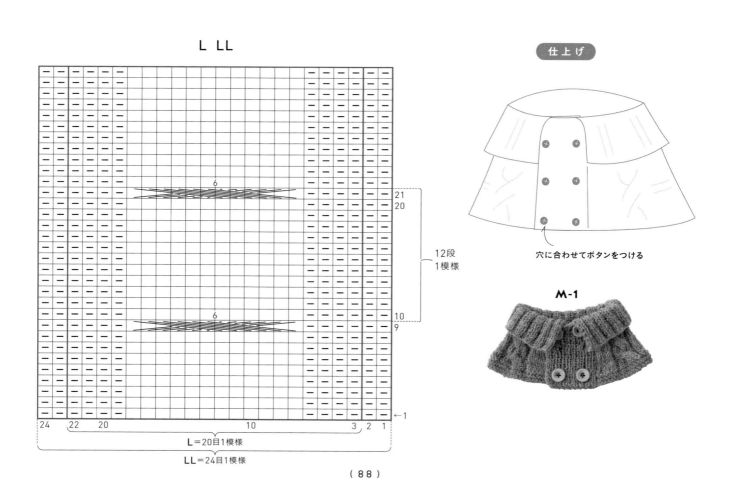

テクニックガイド　棒針＆かぎ針

》棒針編み

作り目

指で糸をかける作り目

1 糸端から、作り目の幅の4倍（幅20cmなら糸は80cm）のところでループを作る。あとでとじ合わせる場合はプラスとじ分の4倍必要。

2 ループの中から糸を引き出し、糸端側の糸を引き締める。

3 針2本を右手で持ち、ループに針を入れる（この最初のループも1目と数える）。

4 左手の人さし指と親指で糸を広げる。糸を左手で軽く握る。1目できたところ。

5 手首を返して手のひらを手前に向ける。

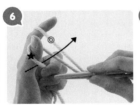

6 親指の手前側の糸★に下から針を入れて、持ち上げる。

7 人さし指の手前側の糸◎を向こう側から★の下にくぐらせながら引き出す。

8 ★の糸を親指からはずす。

9 ④⑤の要領で指に糸をかけ、指を広げて糸を引き締める。2目できたところ。

編み目記号

表目

基本の編み地

メリヤス編み

表から見て表目が並ぶ編み地。裏は裏目が並ぶ。

1目ゴム編み

表目1目、裏目1目が交互に並ぶ編み地。

2目ゴム編み

表目2目、裏目2目が交互に並ぶ編み地。

1 糸を針の向こう側に置く。矢印のように針を入れる。

2 矢印のように右の針に糸をかけ、手前側へ糸を引き出す。

3 左の針から1目はずす。表目が1目できたところ。表目を編むことを「表編み」と呼ぶ。

裏目

1 糸を針の手前側に置き、矢印のように針を入れる。

2 矢印のように右の針に糸をかけ、手前側から向こう側へ糸を引き出す。

3 左の針から1目はずす。裏目が1目できたところ。裏目を編むことを「裏編み」と呼ぶ。

右上2目交差

1
交差させる4目のうち、上になる右の2目をなわ編み針に移して、編み地の手前側に置いておく。

2
下になる左の2目を先に、表目で編む。針にかかっている順番どおりに編む。

3
なわ編み針にかかっている、上になる2目を表目で編む。

4
右上2目交差ができたところ。

左上2目交差

1
交差させる4目のうち、下になる右の2目をなわ編み針に移して、編み地の向こう側に置いておく。

2
上になる左の2目を先に、表目で編む。針にかかっている順番どおりに編む。

3
なわ編み針にかかっている、下になる2目を表目で編む。

4
左上2目交差ができたところ。

右上3目交差

※4目5目6目の交差も同じ要領で編む

1
交差させる6目のうち、上になる右の3目をなわ編み針に移す。

2
なわ編み針は編み地の手前側に置いておく。

3
下になる左の3目を先に、表目で編む。針にかかっている順番どおりに編む。

4
なわ編み針にかかっている、上になる3目を表目で編む。

左上3目交差

※4目5目6目の交差も同じ要領で編む

1
交差させる6目のうち、下になる右の3目をなわ編み針に移す。

2
なわ編み針は編み地の向こう側に置いておき、上になる左の3目を先に表目で編む。

3
3目編んだところ。針にかかっている順番どおりに編む。

4
なわ編み針にかかっている、下になる3目を表目で編む。

2目と裏1目の右上交差

1
交差させる3目のうち、上になる右の2目をなわ編み針に移して、編み地の手前側に置いておく。

2
下になる左の1目を先に、裏目で編む。

3
なわ編み針にかかっている、上になる2目を表目で編む。

4
2目と裏1目の右上交差ができたところ。

2目と裏1目の左上交差

① 交差させる3目のうち、下になる右の1目をなわ編み針に移して、編み地の向こう側に置いておく。

② 上になる左の2目を先に、表目で編む。針にかかっている順番どおりに編む。

③ なわ編み針にかかっている、下になる1目を裏目で編む。

④ 目と裏1目の左上交差ができたところ。

かけ目（表目）

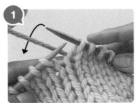
① 糸は針の向こう側に置く。右の針に矢印のように糸をかける。

② かけた糸を右手の人さし指で押さえる。

③ 次の目を表目で編む。かけ目が1目できたところ。

④ 次の段では、かけ目を裏目で編む。

右上2目一度（表目）

① 減らす2目の右の目に、手前側から右の針を入れ、右の針に移す。

② 次の目を表目で編む。

③ 左の針を使って、右の目を左の目にかぶせる。（伏せ目）

④ かぶせたところ。右上2目一度（表目）ができた。

左上2目一度（表目）

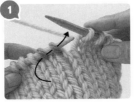
① 減らす2目に矢印のように右の針を入れる。

② 針を入れたところ。

③ 2目一緒に表目を編む。

④ 左上2目一度（表目）ができたところ。

中上3目一度（表目）

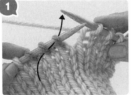
① 右の針を矢印のように左側から2目に入れ、右の針に移す。

② 次の1目を表目であむ。

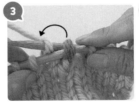
③ 左の針を使って、中央と右の目を左の目にかぶせる。

④ 中上3目一度（表目）ができたところ。

右増し目（表目）

1 増す目の、1段下の目に矢印のように右の針を入れる。

2 目を引き上げながら表目を編む。

3 表目ができたところ。次の目を表目で編む。

4 右増し目ができたところ。

左増し目（表目）

1 増す目に表目を編む。

2 編んだ目の1段下の目に左の針を入れ、引き上げる。

3 引き上げた目に表目を編む。

4 左増し目ができたところ。

糸の始末の仕方

1 糸端を15cm程度残して切り、とじ針に通す。

2 端の目にとじ針を入れ、糸を下に通していき、引く。数目通す。とじしろに通すと表にひびかない。

3 もう一度、上に向かって通していき、糸を引く。

4 糸を切る。

2段ごとに色をかえる場合（横じま模様）

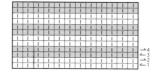

1 糸は編み地の端でかえる。次に編む糸を左手にかけ、右手で針と糸端を持つ。下の段の糸は休めておく。糸端は15cm残しておく。

2 1目めを編んだところ。続けて編む。

3 2、3目編んだら右手の糸端を離す。続けて2段編む。

4 2段編んだらもう一度糸をかえる。休めていた糸を、編んでいた糸の上に渡らせて左手にかける。編んでいた糸は休ませて、右手で持つ。

5 1目めを編んだところ。渡っている糸を引きすぎない。続けて2段編む。

6 もう一度糸をかえる。次に編む糸を、休ませる糸の上に渡らせる。同じ要領で、糸を渡らせて編む。

編み込み模様（裏で糸を渡らせる）

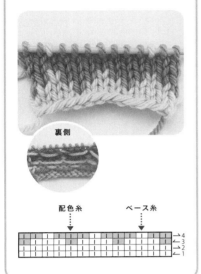

配色糸　ベース糸

1 編み方図のとおりに編み込み模様を編んでいく。3段めから配色が始まる。

2 端の目を配色糸で1目編んだあと、ベース糸で表目を3目編む。

3 3目編んだら、ベース糸の目の裏側に配色糸を渡す。

4 配色糸で1目編む。同様に指定の位置を配色糸で編む。このとき、配色糸は裏側で常にベース糸の下になるように渡らせるときれいに仕上がる。

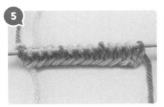

5 3段めの最後の目も、配色糸で編む。

※裏側の様子。渡す糸は、ゆるすぎず、引きすぎず、編み地に沿わせるのがよい。

伏せ止め

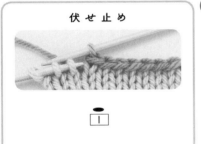

1 表側から止める。最終段を編み終わったら、次の段の端2目を表目で編む。

2 左の針を使って、右の目を左の目にかぶせる。

3 1目伏せたところ。次の目からも同様に編んでかぶせていく。最後は糸を切って糸を目に通して引き抜く。

すくいとじ

1 とじる糸をとじ針に通す。作り目にとじ針を裏側から入れる。糸はとじる長さの2倍程度用意する。

2 右の編み地の、端の目と次の目の間に渡っている糸をすくう。

3 左の編み地も、端の目と次の目の間に渡っている糸をすくう。

4 左右の編み地から、同様に1段ごと交互にすくってとじていく。

5 糸を引き締める。強く引きすぎないようにする。

引き抜きはぎ

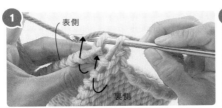

1 編み地を中表に合わせ、両方の端の目に手前側からかぎ針を入れ、棒針からはずす。目がねじれないように注意。かぎ針に編み終わりの糸をかけて、編み目から引き抜く。

2 引き抜いたところ。次の目も❶の矢印のように、手前側からかぎ針を入れる。

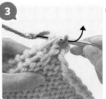

3 かぎ針に糸をかけて、針にかかっているすべてのループから引き抜く。

4 引き抜いたところ。これを繰り返して、端まではぎ合わせる。

TECHNIQUE GUIDE

編み込み模様
（裏で糸を渡らせない）

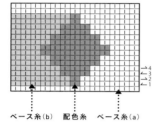

ベース糸(b)　配色糸　ベース糸(a)

1
糸をかえる位置まで来たら配色糸で編む。ベース糸(b)を別に1本用意し、次の目を編む。

2
続けて端までベース糸(b)で編む。

3
1段めを編んだところ。編み地を裏返して、次の段を編む。

4
2段め。糸をかえる位置で、ベース糸(b)と配色糸を編み地の手前側で1回からげる。

5
配色糸で1目編み、もう一度、配色糸とベース糸(a)を編み地の手前側で1回からげて編む。

6
3段め。糸をかえる位置で、ベース糸(a)と配色糸を編み地の向こう側で1回からげる。

7
配色糸で続けて編む。

8
糸をかえる位置で、ベース糸(b)と配色糸を編み地の向こう側で1回からげる。これをくり返して編む。

9
糸をかえる位置で糸をからげてから編む。

※裏側から見たところ。

» かぎ針編み

輪にする作り目（こま編み）

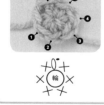

1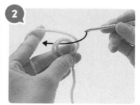
糸端から20cm程度の位置で右手の人さし指に2回巻きつける。

2
人さし指から輪をはずし、左手で輪をつまむ。右手にかぎ針を持ち、輪の中央に針先を入れる。

3
針に糸をかけ、輪から引き出す。

4
引き出したところ。輪の外で針に糸をかける。

5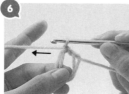
かけた糸をループから引き抜く。

6
引き抜いたら、左手側の糸をぎゅっと引き締める。これで輪が完成。

7
続けて、くさり編みを1目編む。これが立ち上がり目となる。

8
立ち上がり目が1目完成。

9
輪の中に針を入れ、こま編みを指定の目数編む。最後は引き抜き編みを編む。

編み目記号

くさり編みの作り目

1
糸端から20cm程度の位置で、糸玉側の糸が手前に来るようにループを作り、糸を矢印のように引き出す。

2
引き出した糸でできたループにかぎ針を通し、糸端を引いて引き締める。

3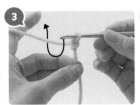
引き締めたところ。糸玉側の糸を、写真のように左手にかける。これが基本のポジション。糸端を左手で押さえて、糸を矢印のようにかける。

4
針をループから引き抜く。これをくり返す。

こま編み

1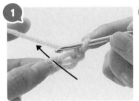
編みたい位置に針を入れる。

2
針に糸をかけ、針にかかっている2本分のループから引き出す。

3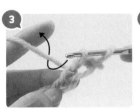
引き出したところ。もう一度針に糸をかける。

4
かけた糸を針にかかっているすべてのループから引き抜く。

引き抜き編み

1
針に糸をかけて、すべての編み地とループから引き抜く。これを引き抜き編みという。

2
できたところ。

こま編み2目編み入れる

1
前段の目の頭に針を入れる。

2
針に糸をかけ、こま編み(p.94)を編む。

3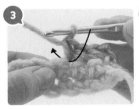
こま編みが1目できたところ。❶と同じ目にもう一度針を入れ、こま編みを編む。

4
こま編みを2目編み入れたところ。

こま編み2目一度

1
前段の目の頭に針を入れ、こま編みの❷まで編む。

2
次の指定の位置に針を入れ、同じようにこま編みを途中まで編む。

3
2目分編めたら、ループの高さをそろえ、針に糸をかけて針にかかっているすべてのループから引き抜く。

4
こま編み2目一度ができたところ。

(95)

かわいい犬の手編み服
SS、S、M、L、LL

令和元年10月10日　第1刷発行
令和6年6月30日　第8刷発行

著　者　ミカ＊ユカ（Dog Paws）
発行者　丹羽良治
発行所　株式会社 主婦の友社
　　　　〒141-0021
　　　　東京都品川区上大崎3-1-1
　　　　目黒セントラルスクエア
　　　　電話　03-5280-7537（内容・不良品等のお問い合わせ）
　　　　　　　049-259-1236（販売）
印刷所　大日本印刷株式会社

©MIKA HANEDA 2019 Printed in Japan
ISBN978-4-07-438558-4

★本書に掲載されている作品を無断で複製し販売することは固くお断りいたします。発見した場合は法的措置をとらせていただく場合があります。

Ⓡ〈日本複製権センター委託出版物〉
本書を無断で複写複製（電子化を含む）することは、著作権法上の例外を除き、禁じられています。本書をコピーされる場合は、事前に公益社団法人日本複製権センター（JRRC）の許諾を受けてください。
また本書を代行業者等の第三者に依頼してスキャンやデジタル化することは、たとえ個人や家庭内での利用であっても一切認められておりません。
JRRC〈https://jrrc.or.jp eメール：jrrc_info@jrrc.or.jp 電話：03-6809-1281〉

■本のご注文は、お近くの書店または主婦の友社コールセンター（電話0120-916-892）まで。
＊お問い合わせ受付時間　月〜金（祝日を除く）10:00〜16:00
＊個人のお客さまからのよくある質問のご案内
　https://shufunotomo.co.jp/faq/

ミカ＊ユカ

元手芸書編集者のミカと、アパレルブランドで活躍するユカの双子の手芸作家ユニット。オリジナルの犬グッズブランドDog Paws主宰。ともに文化服装学院で、裁縫、編み物を学ぶ。雑誌や書籍、アパレルブランドでさまざまなハンドメイド作品を提案したり、犬服講座の講師も務めるなど多方面で活躍中。著書に『一生使えるおさいほうの基本』『一生使えるかぎ針あみと棒針あみの基本』『犬の手作り服＆グッズ』など多数。

Instagram dogpaws_mika

素材提供・協力　オカダヤ新宿本店
東京都新宿区新宿3丁目23番17号
http://www.okadaya.co.jp/shinjuku/

株式会社ダイドーフォワード　パピー事業部
東京都千代田区外神田3-1-16
ダイドーリミテッドビル3F
http://www.puppyyarn.com

ハマナカ株式会社
京都府京都市右京区花園藪ノ下番地の3
http://www.hamanaka.co.jp

STAFF

装丁・レイアウト　室田潤　藤井保奈（細山田デザイン事務所）
撮影　カバー・口絵　土屋哲朗（主婦の友社）
　　　プロセス・キリヌキ　佐山裕子（主婦の友社）
　　　基礎プロセス　梅澤仁
モデル　栗原瞳子
デジタルトレース　下野彰子
校正　梶田ひろみ　こめだ恭子
企画・編集　小泉未来
編集担当　森信千夏（主婦の友社）